區塊鏈
如何改變
我們的生活

小M老師 —— 著

數位貨幣淘金夢，
小M老師教你利用數位貨幣翻轉人生

推薦序 >>

做當世的蔡倫，鋪後世的路

UDomain 集團主席、無線科技商會永遠榮譽主席 **章濤**

　　相信大家對祭祀時所使用的紙錢都不會陌生，但假如我告訴你，紙錢其實是一個失敗科技產物的應用，更因為它的出現而催生出紙張，你會驚訝嗎？

　　傳說東漢時期的蔡倫，初始造紙時因技術尚未成熟，用樹皮、破布、魚網等原料造出來的紙都破破爛爛的，未能做為書寫媒介而滯銷。面對大批的「庫存貨」，蔡倫苦無變現方法，於是兵行險著，與妻子串通好讓自己假裝病重去世，妻子負責在街坊鄰里面前焚燒剪成銅錢狀的紙。

　　妻子剛燒完紙錢不久，蔡倫就「復活」了，「死」而復生的他馬上向眾人解說，指出紙錢實際是陰間流通的貨幣，所以妻子一燒，陰間的他就有錢買通鬼差，讓他能安全回到陽間。在場人士聽罷無不嘖嘖稱奇，紛紛向蔡倫買紙，相關消息亦一

傳十、十傳百，全城都唯恐落後人前，紛紛趕往買紙，結果庫存的紙促銷成功，紙張大賣。

有賴蔡倫當時為新產物構思出這個應用場景，令未成熟的技術得以繼續發展，爾後技術進步，造出來的紙張於是被廣泛應用，甚至取代了竹簡木牘。

然而，紙錢雖然令紙張大賣，但假如當時社會有「時事評論員」這個職業，猜想這群評論員也會對蔡倫群起而攻之，認定他是騙子，在做一些無良勾當。但事實卻是，就算在蔡倫以外沒有一個人能憑著燒紙錢而得以復生，大家卻不甚介意，只因人人都只是抱著「不妨一試」的心態，久而久之，燒紙錢一事更成為了祭祀的流程之一。

紙錢這樣的傳說很有趣，但由紙錢這個過渡性的應用場景，到紙張真正的應用和盛行，必然經歷過一段漫長時間，因為千百年來，要令人接受新事物都不是一件容易的事，當中除了牽涉到用以驗證的時間，還需要更長的時間、更多的心力來教育大眾，令其普及。

究其原因，在於人大都習慣生活在自己熟悉的環境、使用

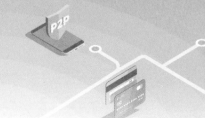

熟悉的東西，在可以選擇的情況下，總是希望做最少的變動。這種「想活在舒適圈」、「怕改變」的心態是人的本質，而且千古不變。

所以，一旦有新事物出現，大部分人往往都抱持拒絕或視而不見的態度，不過當這陌生事物逐漸被其他人所接納，人們又往往會說服自己要加入浪潮。就這樣，由不習慣到跟風，都是人面對新事物時的慣常反應，網際網路如是，智慧型手機如是，區塊鏈亦如是。

正因如此，所有先行者通常都會被視作怪獸。假如你要在二十年前開拓一個電商平臺，十五年前要創辦一個讓人可以互相連繫的平臺，大多數人都會不明所以。也有另一群人會不看好，一直向你潑冷水，甚至有一些人會把你當瘋子看。

但假如你有足夠的決心和耐力，一直將這件被人認為是怪胎的新事物堅持下去，慢慢教育市場，令大家接受，你今天可能就是 Amazon 或 Facebook 這兩個網路巨擘了。

目前，加密貨幣和區塊鏈項目的情況亦相同，而情況可能更為複雜。因為理解加密貨幣和區塊鏈是一件很困難的事，就

算具備一定的抽象思維能力，也只能掌握其中的一鱗半爪，假如要通盤掌握，更需要有深厚的金融認知、網路知識和一個強勁的商業腦袋。試問，一般大眾又怎會願意花費如此龐大的心機和時間來認識這件事？

所以現在大多數人都認為區塊鏈與自己無關，加密貨幣只是小撮人的玩意，或者抱懷疑態度，在半信半疑間搖擺。而當自身的不理解加上漲跌幅甚大的幣價，更令他們將所有先行者都看成是騙子，甚或覺得統統都是曇花一現，不會長久。

凡此種種，其實相當正常，只因這是所有創新事物變得普及前的必經之路，更是一條漫漫長路，需要時間去驗證和消化一切。

縱使長路漫漫，而我們都不知道自己能否看見終點，但對於懷有「蔡倫精神」，願意不斷為新產品尋找、設計應用場景的人，甘心付出時間、努力去教育公眾的人，必須心懷敬佩，因為有這群用心血來鋪路的先行者，不單會在當世被視作異類，在產物成功後，卻大有可能被後世所忽略。

我想未來有一天，加密貨幣和區塊鏈也會一樣，大家在享

 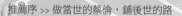

受鋪路者的成果時，卻將他們忘記。所以作為先驅者，也理應早有被時代遺忘的心理準備，但我更相信，我們付出的每一份努力，將來都會有實質的具體回報。

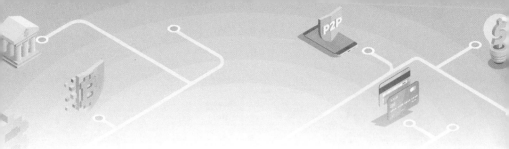

區塊鏈是各產業未來發展的方向

京群超媒體股份有限公司董事長 Michael Ling

　　自 2017 年開始，各大新聞媒體與報章雜誌時常報導比特幣、數位貨幣⋯⋯等相關議題，而數位貨幣只是區塊鏈技術中的一種應用。一般人其實不容易了解區塊鏈技術，更遑論與自身有何相關聯。

　　本書使用深入淺出的描述方式，結合日常生活中會遇到的生活瑣事，讓讀者很容易就能了解，區塊鏈在未來如何改變所有人的生活，也讓一些不懂區塊鏈應用的人，可以做為初步入門觀念學習。

　　區塊鏈對線上遊戲本身，也會帶來不同程度的結合，最直觀的便是從原本完全中心化的結構，改變成部分中心化與部分去中心化的結構。

　　眾所周知，線上遊戲是網路發展的其中一種應用，而網路

上的資訊真實性，也最容易讓使用者產生不同程度的質疑，例如線上遊戲玩家所獲得的虛擬寶物，在完全中心化的結構下，玩家容易質疑獲得虛擬寶物的機率與其真實性，連帶影響對虛擬寶物價值的認定。

而導入區塊鏈技術，讓獲得虛擬寶物這部分結構去中心化之後，玩家可於區塊鏈上獲得公開透明的相關資料，使得認定虛擬寶物的價值大大提升，相對也使得遊戲公司與玩家之間的關係更加黏著。

現今區塊鏈導入各產業，還有許多需要克服的技術問題，但不可否認的是，導入區塊鏈是各產業未來發展的方向之一，本書深入淺出的區塊鏈應用描述，值得想了解區塊鏈的你購買閱讀。

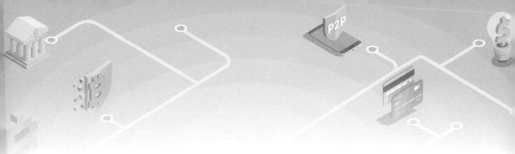

你準備好迎接新世界了嗎？

幣聖科技 CEO **吳阮弘 (Dior Wu)**

比特幣在 2017 年瘋狂上漲至 2 萬美元，在媒體大量的報導下，各種致富故事與幣圈傳說在社群媒體迅速擴散，讓一般民眾開始認識加密貨幣。

但當時的市場氛圍都是圍繞在炒作、騙局等負面觀感，大多數的人並未真正理解，加密貨幣背後運行的區塊鏈才是真正的主角，「改變世界的不是比特幣，而是區塊鏈」。

本書利用大量例子，並結合生活中的經驗，介紹區塊鏈如何改變我們未來的生活，讓沒有技術基礎的讀者，也可以很輕鬆的真正認識區塊鏈技術發展潛力。

當潮水退去才知道誰沒穿泳褲，2018 年即便整個加密貨幣市場價格崩盤，但各種區塊鏈創新應用仍不斷推出，有更多技術團隊前仆後繼投入這個市場，為區塊鏈打造更好的使用者

體驗。跟本書的宗旨一樣，我們開發了比特幣加密卡，也是為了讓更多不懂區塊鏈或比特幣的人，能輕鬆地開始持有、使用比特幣。為了達成「買比特幣跟買報紙一樣簡單」，我們也開發了全球第一臺比特幣販賣機，用零錢就能買到比特幣。

而我們也協助臺灣企業發行專屬的加密貨幣，用區塊鏈技術創新商業模式。在這股浪潮中，只會有更多的廠商、消費者進入這個市場，這股趨勢已經無法阻擋。

你不一定了解網際網路的運作原理，但你現在每天不能沒有它；同樣的，你不見得要深入研究區塊鏈技術，但未來你一定會每天使用它。如同本書描繪的未來場景，這場革命已經在全球大規模展開，而你已經準備好迎接新世界了嗎？

擁抱改變，讓未來生活更美好！

　　近幾年，我最常被問到：「小Ｍ老師，你是如何能這麼快就與數位貨幣和區塊鏈連結？」

　　這要從我的創業史說起。

　　我的創業史，基本上等同於 Internet 發展史。

　　早在 1993 年從 Internet 創業以來，對於網路相關科技的發展，隨時保持關注並與時俱進。其中比特幣與區塊鏈就是一項我持續在學習的目標，我同時也是比特幣的早期投資者，一路親自見證並體驗比特幣飆漲過程，我往後 10 年的創業史也算得上區塊鏈發展史。

　　Internet 的誕生，讓資訊透過網路傳達到世界各地每一個終端裝置成為可能，但始終無法傳遞價值——這裡說的價值，指的是以金錢為計算單位的價值。

　　簡單來說，我可以透過網路服務，如 email、通訊軟體、

社群平臺傳遞資訊，但無法把金錢任意並快速的傳遞給他人。傳統的方式就是透過銀行轉帳、電匯，但程序上卻諸多限制，同時也受限於國際金融的各項限制，有些國家有外匯管制，金錢價值的流動便捷性與速度都不甚理想。

雖然後來有各類第三方支付工具的出現，但在國際收付上仍然有很多限制，例如 Paypal 受限於臺灣法令限制，臺灣的用戶無法互相收付，類似的問題在各國也都有出現。

在比特幣誕生後的幾年內，我並沒有將比特幣視為一項金融性投資，而是關注其技術對於人類金融創新的改變。眾所皆知，金融的創新牽連著重要的法規，在法律限制的框架下，也的確讓金融創新的步伐受限許多。

但是人類的貪婪，造就了大量投資都集中在數位貨幣的漲跌上，大多數人不見得關心區塊鏈技術，而只在意金融投資的收益，這也是造成 2018 年幣圈泡沫的主因。但是根據過往 Internet 網路經濟泡沫後的經驗，體質好的業者會生存下來，這個產業會更健康。

在 2017、2018 年的瘋狂及泡沫化後，我們該思考的是，

區塊鏈技術對於人們未來在金融投資或維護資產安全上有什麼改善。區塊鏈與數位貨幣,如同網際網路與資訊,我無法想像沒有數位貨幣的區塊鏈能如何傳遞價值,但是如果不以傳遞價值而是信用認證的話,或許是一條可行的發展方向。

本書以最淺顯的方式,為讀者描繪出區塊鏈改變人類生活的應用場景,很多應用已經逐步出現在我們生活中了,改變總是來得又快又陌生,與其害怕改變,不如擁抱改變,區塊鏈商務應用,絕對是 21 世紀最大的商機之一。

目 次

第一章　淺談數位貨幣與區塊鏈

第二章　區塊鏈的運用

第三章　數位貨幣淘金術

第四章　數位貨幣大哉問

第五章　數位貨幣獲利術

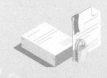

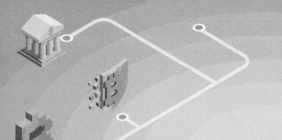

引言：未來五年，我們的生活可能會？

「小 M，我喜歡的女生對我愛理不理的，真煩惱……」某天，小 M 的朋友阿志打行動電話，向小 M 訴說自己感情上的困惑，就這樣聊了 1 小時。

講完後，阿志的手機跑出一則訊息：

您剛才講了 1 小時，恭喜得到 10 元。

＊＊＊＊＊＊＊＊＊＊＊＊＊＊＊＊＊

在公關公司上班的 VIVI，忙著寫企畫案、辦活動，經常回到家已經快 12 點。

過去，忙碌的她回到家只想睡覺，沒時間也力氣整理家務，現在，她再也不必擔心這些事情了。

「三合一吸塵掃地拖地機器人偵測地板髒了，已出動清潔完畢。」

「衣服已洗淨烘乾並且摺好。」

「冷氣已開啟到 26 度，空氣清淨機打開。」

「精油噴霧器已開。」

＊＊＊＊＊＊＊＊＊＊＊＊＊＊＊＊＊＊＊

50 歲的林先生，因為體重過高，開始正視自己的健康，決定每天上班前在公園快走。一邊走，衣服一邊開始偵測血壓、排汗量、心跳……等等，供林先生參考。

＊＊＊＊＊＊＊＊＊＊＊＊＊＊＊＊＊＊＊

職業婦女方小姐熱愛網購，現在再也不必擔心貨到無人簽收，也不必到便利商店拿貨，看看空中那些送貨機器，要它們什麼時候到，就什麼時候到。

＊＊＊＊＊＊＊＊＊＊＊＊＊＊＊＊＊＊＊

小林與女友在〇〇咖啡廳消費，買單後他的手機出現一行字：請問你這次為什麼會到〇〇咖啡廳？

＊＊＊＊＊＊＊＊＊＊＊＊＊＊＊＊＊＊＊

在警察局二十年的小吳發現，竊盜案越來越少，因為生活都用無現金支付，加上家家戶戶都有智慧保全，所有寶貴的物品都有一個隱形編號，讓小偷失業了！

上述種種都不是空談，拜區塊鏈及 5G、AI 越來越精進，有些情景已經或即將發生，而沒發生的，未來會出現，甚至更進步到你我想像不到的境界。

我們不一定要會寫程式，但我們一定要知道並看到，科技的變化對於人類會有什麼樣的影響，讓我們在使用人工智慧之餘，也能不被淘汰。

就目前我所觀察，有三件事情對我們的未來影響巨大，它們分別是區塊鏈、5G、AI，而區塊鏈則是讓 5G、AI 更加活躍連結的重要關鍵。

ⓒ 改變生活型態的關鍵事件

熱愛拼圖、熱愛閱讀偵探小說或者熱愛追劇的朋友們，一定可以深切體會，很多時候，美好的事物或者那令人焦急不已的最終解答遲遲不來，因為總是這裡少些東西、那裡少塊碎片，直到所有碎片蒐集齊全，案件水落石出，快樂結局水到渠成，才能達到那美好的成就境界。

我們的文明發展也是這樣，大部分時候，科技發展像是拼

圖中不同的碎片，一旦諸法具足，所有科技都能兜攏在一起，生活躍升新境自然到來。

談起區塊鏈，以及區塊鏈和你我生活的關係，我們未來的生活圖像會是怎樣？引言一開始所講的那些生活情境會怎樣出現？關鍵就在於以下三大塊拼圖最終合體：

1. 區塊鏈；

2. 5G；

3. AI 人工智慧應用。

ⓒ 5G 改變網路的應用形式

提起手機應用，如今已是人手一機，並且都是使用智慧型手機。記得沒幾年前，手機都還只是打電話的工具，頂多再拿來傳傳簡訊，什麼時候開始，智慧型手機已經變成主宰人們的必需品了？難道是因為手機革命性的技術變革，所以讓大家都變成低頭族嗎？

其實，手機變革當然很重要，但如果沒有網路環境的配合，再好的手機也無用武之地。就好比你買了全套最高檔的音

響設備，但家裡住在缺水缺電的偏鄉茅草屋，想聽音樂？那還不如裝電池的小收音機還比較實用。

這個網路環境就是指 5G 的應用。

在本書出版的此刻，身邊周遭的人都還是用 4G 網路在溝通，但 5G 已經在通訊業者開始成為熱門話題，可以想見的，5G 在未來三年內將逐步成為生活中的必備，其影響可能快過當年 4G 取代 3G 的速度。

所謂 5G 升級，已經不單指的是速度更快，而是指網路連結方式全面進階，這裡就要提到一個大家常聽卻不一定了解其意思的名詞，那就是「物聯網」。

我們經常可以聽到那些站在趨勢尖端的人，彼此討論著「物聯網」，這三個字聽起來很時髦，但到底跟我們有什麼關係？在之前的確關係不多，因為物聯網的普及還缺少一塊拼圖，但當 5G 的應用落實後，拼圖就圓滿了。

這樣說吧！從 3G 進階到 4G，代表著以前只能看圖文為主，現在則是觀賞影片也很流暢。

至於從 4G 到 5G，代表著不只可以大量看影片及上網，

並且可以將網路四通八達，真正無遠弗屆的連結到更多層面，所謂萬物皆可連，5G 網路才是物聯網可以生存的網路環境。

舉個實例吧！現在我們怎麼上網？當然是靠手機啊！難道要靠手錶或冰箱嗎？

啊哈！被你說中了，你以為你在開玩笑，但實際上，在不遠的未來，真的靠手錶、靠冰箱都可以上網。不僅如此，像是引言中提到的吸塵器、洗衣機，統統都可以聯網。

但這跟區塊鏈有何關係呢？

因為唯有在物聯網的情況下，區塊鏈的生活應用才能落實，否則區塊鏈就只能在金融及高科技領域應用，無法與庶民生活聯結。

在區塊鏈的概念下，任何一個聯網的裝置，都可以成為區塊鏈的一個節點。以本書會大幅提及的數位貨幣來說，現在的節點都是礦區（何謂挖礦，本書將會專題介紹），以後可能你家的飲水機、冰箱、手機，或者任何一個可以聯網的裝置都可以是節點。

基本上，未來世界裡，只要可以連上網路、能夠通電，就

可以稱之為節點。於焉，區塊鏈真的就可以落實在民間。

如同前面所舉的例子，林先生在公園快走健身，他的種種健康數據透過他穿上的衣服，可以將資訊傳輸出去，這就是結合 5G 與區塊鏈的應用。

談了 5G，再來談拼圖的另一塊，也就是 AI 人工智慧。

Ⓒ AI 人工智慧改變大數據運算模式

談起 AI，這不是一種機器，甚至也不是一種科技發明，AI 是一種運算的概念，具體的概念及應用，本書將詳細說明。但在這裡要說的，所謂運算，必須要有足夠的數據。

好比說，我們大家都知道的統計學，我們不可能只憑訪問某個城市的一百個人，就認為這一百人說的話可以代表整個國家人民的心聲。但我們也不可能一定要訪問超過千萬人才能做出統計報告，因為那樣就不需要統計學，根本就是一比一完全記錄了。

但就算是一比一完全記錄，假定每天我們都可以得到一千萬人的完整生活紀錄，但這些資訊堆疊起來，光所有人一天的

資訊分量要讀完就要好幾年，這樣龐雜的資訊已經失去意義。

這樣的問題如何克服？既要擁有資訊又要能分析資訊，憑人力絕不可能，用傳統電腦也不可能，只有當發展到 AI 大數據的境界，這時候才能真正掌握絕對龐大的數據，並且這些資訊也可以得到充分運算。

這樣說也許我們仍聽不明白，那麼就舉個例吧！當我們想知道一家餐廳服務好不好，東西美不美味，傳統的作法是去做市調，但要調查幾個人？調查的資訊有用嗎？例如如果調查一百個人，夠嗎？不夠。那一千個人就夠嗎？會不會受到季節性影響？好比說夏天的感覺跟冬天會不會一樣？怎麼說都很難調查。

但透過大數據，好比說臉書的打卡連結運算，根本就不需要一個一個去統計，就靠這些人「實際上的體驗」，一年到頭加起來的資訊就可以累積足夠的分析基底，並且這些數據也最公平，最不能作假。

推而廣之，如果每個人去餐廳用餐打卡都貢獻了一份數據，那麼，每個人還可以貢獻什麼數據呢？答案是生活各層面

都可以。

依照大數據運算，我們可以每天追蹤一個人，包括他經常走的路線（別忘了手機有 GPS 定位，不論你打不打卡，都追蹤得到你的行蹤），包括他常去什麼店。逐步地，不需要問卷調查，每個人每天自動就洩漏自己的種種個人資料，愛吃什麼？有什麼嗜好？這些數據彙整到雲端計算，分析下來的數據連結到所有商業運用，於是，我們的手機就會常接到「適合我們的廣告」。

好比說，今天你去臺中出差，根據大數據分析，你這個人特別愛吃咖哩，於是手機會主動跑出提醒訊息。明明你只是迷了路，想上網去 Google 地圖找路，但 Google 地圖上卻主動顯示這附近有家知名的咖哩名店喔！要不要去嚐鮮？怎麼那麼貼心？是的，在 AI 人工智慧大數據服務下，就是可以那麼貼心。

舉這樣的例子，我們應該就可以了解 AI 人工智慧與你我的關係。但這和區塊鏈又有什麼關係呢？區塊鏈，既然是一種運算模式，自然會需要很大量的數據。

特別是結合 5G 網路後，資訊的供應更加廣泛，再加上 AI

人工智慧的運算，於是，很多以前想像不到的事，現在都可以實現，就如同一開始舉的這許多例子，那都不是科幻情節，都已經是現代進行式。

因為，組成這樣世界的幾塊拼圖，都已經到位了。

ⓒ 拼圖完成後的全新體驗

想想吧！拼圖完成後，哪些事完成了？

未來的世界，我們到底得到了什麼拼圖後的獎品？

答案是：**迅捷速度、充沛資訊以及絕對安全的世界**。簡單來說，5G 代表速度，AI 代表運算，區塊鏈就代表安全。

多舉幾個例子，讓我們可以更充分了解。

每天每個城市都需要大量的貨運，每個貨運都要搭配龐大的人力。若有無人貨運機該有多好，但這在過往是不可能的。

因為貨運的資訊交錯，包括每批貨的數量、性質、體積，要從哪裡送到哪？在什麼期限前送達？哪些貨可以併櫃，哪些貨要特別處理？這背後代表的資訊量龐雜到難以想像。

在 5G 時代，快速資訊傳遞成為可能，但這中間卻又牽涉

到各種安全問題，如果沒有安全的管控，速度再快也沒有用。只有當透過區塊鏈，提供了廣泛的節點認證，無人貨運才能真正實現。

還有大家很愛談論的完全自駕汽車，上車後只要告訴車子你想前往的目的地，之後車子本身就負責安全的將你送達正確地點。但在現代這是很難做到的，必須人工和 AI 智慧兼顧，只能做到半自駕，很難真正全自駕。畢竟連在車上使用 GPS 導航問題都層出不窮，有人被 GPS 導航到荒涼深山，或者導航到車子根本不能進去的死巷，這中間牽涉到高精準度。

另外，機器人應用也同樣需要高精準度，好比說機器人端一杯咖啡給你，同樣要精準定位，要讓機器人手上端的杯子剛好觸及你伸出來的手，在正確的時間交出。否則一個定位錯誤，你就眼睜睜的看著咖啡杯在你面前跌落地板，濺得大家滿身熱咖啡，而機器人只會說聲謝謝光臨，轉身離開，留下錯愕的你。

一些我們認為「好像沒那麼困難」的應用，其實「差一點就差很多」，精準的背後需要準確的資訊、快速的資訊傳達，

以及充分的安全認證。

　　這樣讀者大概可以明瞭，未來的世界需要怎樣的科技做為基底了吧！那麼，就讓我們一起來認識區塊鏈，以及提起區塊鏈時最常被提及的數位貨幣。

　　科技的發展一日千里。

　　但好消息是，我們正站在發展的這輛快速列車上，幸福亮麗的明天，就在我們未來的路上。

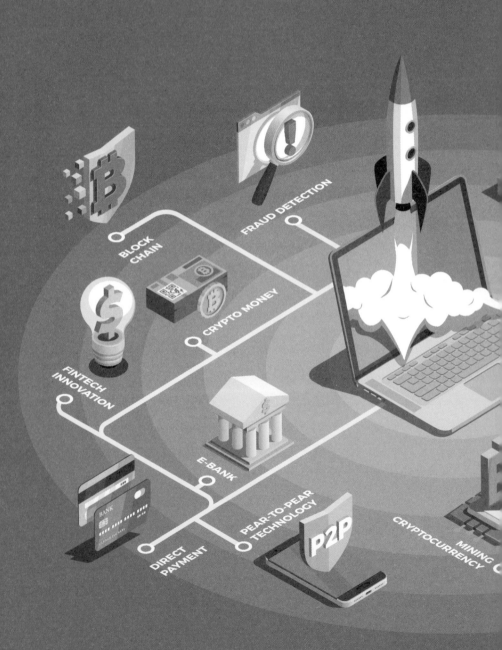

第一章　淺談數位貨幣與區塊鏈

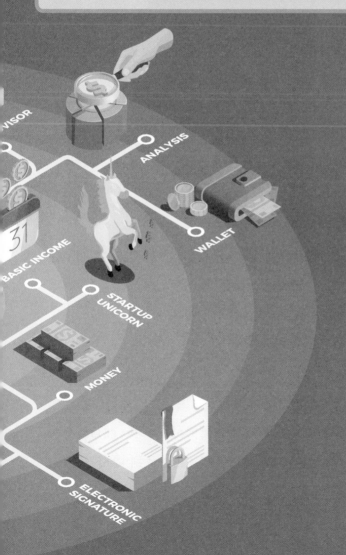

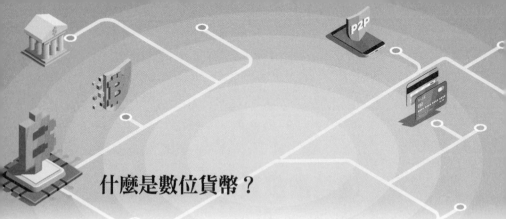

什麼是數位貨幣？

　　每天早晨醒來，開始進入一天忙碌的生活，人們最常意識到的一個字眼是什麼呢？肯定是「錢」。因為比起「愛」、「恨」、「煩」、「喜」這些感性思維，現實生活中，錢無時無刻影響著我們，別的不說，光是上班停好車，就開始要繳停車費，如果沒錢，日子很難走下去。

　　但其實，「錢」的概念早在數千年前就有，只不過錢的樣貌以及應用方式幾經變革，甚至變化很大，乃至於如果有機會穿越時空，就算只是回到五十年前，你就會發現，當時的人完全想像不到現代人金錢的樣貌，ATM、金融卡、信用卡，都還未問世。

　　同樣的，未來世界的人，若來到現代，和我們提起未來世界「錢」的樣貌，我們可能也會聽得目瞪口呆。而有些事其實已經發生了，且正在進行中，可能還未普及到大部分民眾生

活，但確實影響力越來越大。那就是「錢」的另一種形式，也就是本節要介紹的數位貨幣。

ⓒ 從貨幣到數位貨幣

要介紹數位貨幣，就要先界定，你心目中的認知裡，貨幣是什麼？

好比說，當我們去便利商店一手交錢結帳，一手拿走一個茶葉蛋，用來結帳的媒介，當然是「貨幣」無誤。但如果今天是網路購物，我們住在甲地，跟位在乙地的農場訂了一箱水果過來，付款方式是透過郵局轉帳，「轉帳」這件事是否牽涉到貨幣呢？似乎沒有，因為我們沒有真正從錢包裡掏錢。但其實是有的，畢竟戶頭裡的錢減少了。

只不過，假定有一天，我們所有從事的實體買賣交易都透過刷卡，包括房租、學費等支出都是線上扣款，乃至於連理髮及去街角買杯紅茶這些事都使用電子錢包，那麼實務上，我們根本完全看不見任何「貨幣」，到頭來，金錢的流通就只是帳上數字的加減。

　　了解了這個概念後，我們就可以明白一件事，所謂貨幣，只不過是讓交易被認可的一種形式，而認可，就有了價值。

　　換句話說，任何雙方間的互動，只要彼此認可，不一定要使用我們熟知的那種銀行流通的紙幣或硬幣，就好比古代人可能以物易物，現代我們小朋友也可以拿他的 Hello Kitty 鉛筆去交換你的果凍零嘴。

　　而所謂「數位貨幣」，也正就是一種「可以被接受」的交易媒介，只不過這種貨幣的形式以及遊戲規則，可能跟傳統國家發行的紙幣不一樣而已。

　　簡單說，數位貨幣是隨著時代科技演變，逐漸衍生出來的一種新型態交易媒介。並且這種交易媒介也如同過往所有的金錢概念相關發明般，打破了過往的許多思想藩籬。

　　以數位貨幣來說，打破的藩籬，包括超越了「錢是由央行鑄幣局誕生」的概念，超越了國界概念，超越了「跑銀行」的概念，更是超越了「錢只是固定面額的錢」的概念。

ⓒ 一種被加密的交易媒介

　　然而就算概念上知道數位貨幣是種新形式的交易媒介，但具體來說，數位貨幣是什麼呢？

　　顧名思義，數位貨幣既然是「數位」，那就代表是一種非實體貨幣，其實本質上，數位貨幣就只是一串文數字組合。

　　如前面所述，只要能夠被認可作為交易媒介，就可以變成貨幣，問題是，如果任何非實體貨幣都可以被認可，為何以前沒有數位貨幣，這幾年才逐漸應用普及呢？那是因為數位貨幣必須有科技技術做為發展基礎，具體來說，是因為有了區塊鏈技術，才讓數位貨幣成為可能。

　　定義上，數位貨幣就是一個加密資料串，透過區塊鏈提供節點對節點的網路監控管理後，形成一種能被認可的交易標準，實際應用上，就是一種「有價值的數字」。

　　例如人們近來常聽到的包含比特幣、以太幣等，就是數位貨幣。這些貨幣不是實際可以拿在手上的真正紙鈔或硬幣，但透過變現兌換，當然最終都可以變成世界各國的法幣（法定貨幣），諸如美金、新臺幣等。

　　重點就在「加密」。好比說，我們現在普遍使用的紙鈔，也就是國家發行的法幣，明明只是一張紙，為何大家都信任這張紙可以換取各類生活用品呢？那是因為後面有國家的認證保障。而數位貨幣是去中心化、超越國家管制的，其背後的價值保障，則是源自於區塊鏈技術提供的加密保障。

　　但具體來說，我們為何需要數位貨幣，為何不能只用傳統法幣就好呢？下面，我們繼續來說明。

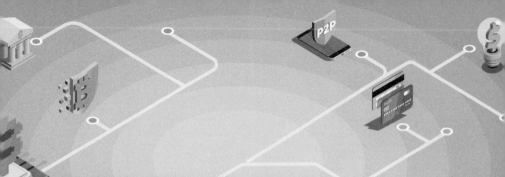

數位貨幣和虛擬貨幣一樣嗎？

提起數位貨幣，很多人第一個聯想到的就是虛擬貨幣。

實際上，在過往比特幣、以太幣等現今已經普及的各類幣誕生前，的確人們經常稱虛擬貨幣為數位貨幣。但在現代，數位貨幣則專指透過區塊鏈技術所演算產生的加密數字串，是真正可以用來交易的單位。

至於虛擬貨幣，通常也可以用來交易，只不過這種交易大部分都侷限在有限的範圍內，其中最常見的例子就是線上遊戲的虛擬幣。

ⓒ 從虛擬貨幣衍生到數位貨幣

其實你我可能都曾使用過「虛擬貨幣」，對四十歲以下的年輕人來說，或多或少都曾玩過線上遊戲，乃至於現在人手一機的手遊。不同的遊戲會有不同的對應世界觀，在這樣的世界

裡，購買道具寶物，乃至於遊戲裡打怪產生的報酬，都有遊戲內的交易標準，那就是一種虛擬貨幣。但虛擬也不單是指「電子化模擬」，只要是「虛構、模擬」的貨幣，也是虛擬貨幣。

　　舉例來說，大家可能都玩過大富翁遊戲，遊戲盒內各種面額的紙鈔，也算是一種虛擬貨幣。當我們去遊樂場，用現金換的遊戲代幣，那個代幣只適用在該遊樂場，也算虛擬貨幣的一種。簡單來說，任何模仿貨幣交易形式，但只侷限在有限空間裡的「非真實貨幣」，都算是虛擬貨幣。

　　但廣義定位上，虛擬貨幣不單只有在遊戲領域，基本上，在現代區塊鏈定義下的數位貨幣尚未誕生前，所有的非真實貨幣，包含電子幣，好比說各通路商發行的點數卡、網路商城的點數，乃至於信用卡積點，甚至悠遊卡這類將現金轉換成電子數據形式，都可以稱作虛擬貨幣。

　　這類貨幣又分成三種層次，第一種是純虛擬或封閉環境內使用，出了這個環境就完全無用的，如遊戲代幣；第二種是虛擬幣的幣值可以在有限條件下變成真實貨幣，例如積點可兌換現金，或像是積點轉換成實際的飛航哩程，讓虛幣有實用性；

第三類也就是虛擬貨幣本身即等同於實體貨幣般的應用。其中的第三類，後來就被定義為如今的數位貨幣。

不論是稱作虛擬貨幣或者數位貨幣，有一個共通的重點，就是「必須被認可」。好比說大富翁遊戲的遊戲幣，在玩遊戲時，玩家都認可這些錢可以做為遊戲過程中資產的認定標準，但是當遊戲結束後，如果想拿大富翁遊戲的紙幣去超商買東西卻是不可行的，因為遊戲幣不被「外面的世界」所認可。

同樣的，數位貨幣包括比特幣、乙太幣等，之所以現在如此風行，因為人們認可這是一種「有價值」的東西，且認可這具備普世流通性。就好比今天有人拿足兩黃金要和你換現金，只要附上銀樓成分證明，你會願意；拿附有鑑定書的貴重珠寶和你換現金，你也多半願意；但拿號稱高價的鐵器跟你換，你可能就不願意了。不是因為鐵器沒有高價值，而是因為心中不認可這是種「交易媒介」。

以比特幣來說，它不但被認定有價值可作為交易標準，並且還具備升值空間，所比特幣的幣值會有所漲跌，因為它已經創造出一種需求市場。

ⓒ 數位貨幣越來越普及的原因

到底如何判定一個貨幣是否有價值呢？

現今流傳的這些數位貨幣，為何會被認可為具備保存價值，甚至還越來越夯？

第一、稀有性

以比特幣來說，總限量就是 2100 萬顆，這個數字是確定的，因為那是經過電腦運算所做出的協定數量。試想，全世界有 70 幾億人口，卻只有 2100 萬顆比特幣，想必比特幣自然珍貴。相較來說，政府發行的貨幣還比較不穩定，畢竟政府可能會大量印製法幣，因而帶來通貨膨脹的情形，而這種情況在比特幣上並不會發生。

第二、安全性

基於區塊鏈技術，比特幣的產生都經過加密認證。什麼是區塊鏈？下一節會做說明，但可以這樣想像，每個單位的比特幣，都是一串演算數字元，要取得這個數字元，需要具備公鑰

和私鑰。就好比金融卡提款的概念，金融卡就代表公鑰，個人提款密碼就代表私鑰，必須二者具備才能使用。今天比特幣的交易傳遞，就像交給你私鑰，每個人的存取安全都得到保障。相較來說，一般現金拿在手上怕被搶，放在戶頭也可能被駭客盜領，類似比特幣這樣的數位貨幣，反而比較安全。

第三、便利性

特別是對於越大宗的金額，類似比特幣這樣的數位貨幣相對越是方便。試想，現代我們日常生活裡都是以國家法幣作為交易，這有什麼問題呢？在很多地方的確不方便。例如你捧著1000 萬元去銀行存款，國家為了防制洗錢，你就必須要接受面談並填寫表格申報。

而出國旅行時，不只是地理空間轉換，貨幣的規則也要跟著轉換。當你從甲國飛到乙國，身上的甲國法幣就無用武之地，必須兌換成乙國法幣才行，這中間又產生了手續費及匯兌損失。但若透過數位貨幣交易，可能兩、三秒內就完成交易，不用手捧大量現金，又可遊走各國，非常方便。

　　基於以上三項特點，才使得數位貨幣越來越普及。但是數位貨幣之所以能夠做到以上三點，根本關鍵還是在於區塊鏈技術的成熟。

　　接下來，我們就來介紹區塊鏈。

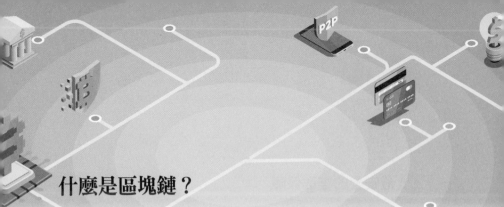

什麼是區塊鏈？

　　大家都在談比特幣，談數位貨幣，甚至比特幣最高單價曾經在 2017 年底漲到將近 2 萬元美金。請注意！這裡說的是美金，換算成新臺幣的話，一顆比特幣最高價格曾經將近 60 萬元臺幣，也就是說拿出一顆比特幣，差不多可以支付買房子的頭期款了，只要十幾顆比特幣，就能夠買下一間房子。

　　這在從前是難以想像的事，既非鑽石又非黃金，後面也不像法幣有國家的外匯存底做為擔保，甚至這顆幣並非實體，憑什麼人們要相信這種「虛擬」的東西？只不過是個數字罷了。但如果你現在擁有很多數位貨幣，你可能已經遠比那些號稱戶頭有幾百萬臺幣的有錢朋友，還要富有多了。

　　這一切之所以能變成可能，關鍵就在於區塊鏈技術。

ⓒ 最安全的存取保障

首先必須先聲明的，區塊鏈的技術可以廣泛應用在許多層面，並不侷限於數位貨幣。在臺灣也有包含音樂產業、醫療產業逐步應用這樣的技術。

但區塊鏈的誕生，的確和數位貨幣有密切關係，這是一位中本聰先生，在 2008 年首度提出一篇論文「一種點對點的電子現金系統」，因而成就了比特幣，而比特幣的誕生，是結合很多種網路技術所生成的。我們為了方便稱呼，就把這種技術整合統一稱為「區塊鏈」的概念。

到底什麼是區塊鏈呢？如果以專業術語來說，區塊鏈是一分散式帳本，原文為「Blockchain」，本意緣由於「資訊的存取是一個一個區間的運算處理」，中文譯為區塊鏈。

也許這之中牽涉到許多技術及密碼學術語，可能大部分朋友聽了也很難理解。但這裡我可以用一個很簡單的比喻，讓大家了解區塊鏈的概念。

區塊鏈的誕生，影響最大的範疇就在於「共識認證」，因為這個特點，所以數位貨幣才成為可能。什麼叫共識認證呢？

舉個例子，假定有一個村莊，共住有十二戶人家，其中某戶叫做小明的，去跟另一戶叫小王的借錢。傳統的作法，借錢就寫借據，但假如哪一天不小心借據弄丟了怎麼辦？是否小明可以不認帳呢？為避免如此，所以找來了見證人，但如果見證人和小明串通好，到時候不承認怎麼辦？沒關係，我把全村其他十戶都一起找來認證，那就沒問題了吧？就算十年後，十戶中有幾戶搬走了，總不會全部都搬走吧？只要有一戶在，那就可以證明小明向小王借錢。

簡單講，共識認證就是透過區塊鏈這樣的運算機制，把安全認證分散到各個地方，就好比分散給十戶，每一戶都是一個節點。

當然，你可能會覺得十戶太少了，一百戶、一千戶呢？如果說十戶還是有可能全部搬走不見了，一千戶總不會統統都有問題吧？何況以區塊鏈的概念來看，不是百戶千戶的概念，而是有數百萬以上幾乎數不清的節點。

傳統銀行，若駭客想入侵，只要破壞該家銀行的金融系統就好，但在區塊鏈世界裡，既然有幾乎數不清的節點，連破壞

都無從破壞起，所以區塊鏈被保證是最安全的。

◎ 區塊鏈如何創造價值？

如果今天有一樣商品，你可以複製我也可以複製，那樣就沒有價值了。

所以法幣，也就是像是新臺幣、美金這樣的貨幣，必須由國家發行，因為只有國家才能訂定統一的標準，才有資源投注大筆預算做防偽，並且有全國的軍警法務系統，防止偽鈔犯罪出現。

但即便是這樣，這世界還是難免會出現偽鈔，所謂「道高一尺，魔高一丈」，任何可以做為中間價值的商品，都可能有假貨。相對於鈔票，有假鈔；相對於名畫，就有仿作；珠寶玉石等都有以假亂真的贗品，甚至房地產地契、股票權狀等也都有作假的空間。

相較來說，區塊鏈技術的出現，真的帶來了金融的全新觀點。如同前述，以數不盡節點的概念來看，數位貨幣無法被仿製。每個資料區塊都要經過運算，其數字串是獨一無二的，數

位貨幣不是被「製造」出來的，而是被「運算」出來的。

就好比小明畫了一幅畫，畫的本身是可以被模仿的，連「蒙娜麗莎」都可以被模仿得維妙維肖，但小明「思考創意」出這幅畫的那個思慮，卻永遠無法被取代。

所謂運算，是一種不斷的解密，不同的演算法有不同的解密侷限，也就是說，每種演算法最終產生的幣，會有一定的數量。以比特幣來說，總數就是 2100 萬顆，當全部被運算出來後也就「生產完畢」，甚至連什麼時候生產完畢都已經被算出來了，比特幣將在 2140 年全部「開採」完畢。這是比特幣的狀況，其他的數位貨幣也都是植基於各自的演算法，在符合限量限期的情況下，成為一種可以被採用的貨幣。

也由於區塊鏈這樣的特性，帶來數位貨幣的潮流，畢竟當數量有限，且真的具備不可取代性，那每一顆幣都非常珍貴。要擁有數位貨幣只有兩種方法，一種是所謂的「挖礦」，另外一種就是去買一顆。

現今有越來越多人參與挖礦，每個區間是四年，所誕生的幣數值越來越少的情況下，隨著難度提高，挖礦已經是必須依

賴全球性的大串連，擁有大礦池（也就是最多的算力）者，較能取得挖礦的優勢。

理論上，區塊鏈也並非百分之百安全無虞，就以前述村莊的例子來說，假定十戶人家中有六戶是小明的朋友，他們刻意維護小明，抵賴借錢的事實，那麼少數服從多數，即便剩下那四戶作證說小明借錢，也可以被推翻。

即便戶數變很多，有成千上百戶，或者如同區塊鏈有數百萬以上節點，但畢竟不是「無限個」，因此若掌控到過半數50%以上的節點者，也是有機會更改運算規則。

好在若要掌握過半的節點，依照目前主流幣的標準來說，這數字實在是太龐大了，任何單純的機構力量都做不到。因此，區塊鏈總體來說還是安全的。

區塊鏈對我們生活有什麼影響？

　　談起區塊鏈，有人可能會說：「唉啊！我只想當個平凡的上班族就好，我一不買股票，二不去碰期貨，連傳統的各種理財工具我都不太去管了，更何況是什麼數位貨幣？」

　　然而，必須要告訴各位讀者，區塊鏈影響的不僅僅是數位貨幣，將來也會影響到我們其他的生活層面。如果有一天，區塊鏈已經成為生活中不可不接觸的一環，那就沒有所謂願不願意的問題了。

　　比如說現在人人都在用智慧型手機，如果你不加入網路社群，不使用各類 APP，甚至連公司開會都通知不到你呢！區塊鏈是潮流，不可不瞭解。

　　這裡我們談談，關於區塊鏈我們還要知道的一些資訊：

ⓒ 去中心化的應用

談起區塊鏈，前面我們談到了區塊鏈透過數百萬以上節點，讓數位貨幣有了加密保障。

但區塊鏈還有一個關鍵特色，叫做「去中心化」。

傳統的觀念，我們做任何事都要有個中心，例如一家公司要有個老闆統籌營運；日常生活中我們安居樂業的前提，是上面有一個中央政府，可以帶給國家安定秩序；金融系統的穩定，也都必須有賴中心化，也就是由國家統一發行法幣，交易才能進行，否則甲銀行發行自己的貨幣，乙銀行也發行自己的貨幣，一國多幣，肯定會混亂的。

然而有一利就有一弊，中心化有中心化的好處，但自然也有其不便的地方，也才有數位貨幣誕生的空間。

有句話說：「擒賊先擒王。」這就是標準的「中心化」的缺點。歷史上常見的例子，太平盛世理所當然的貨幣，卻在亂世裡一文不值。另外，政權更替所帶來貨幣制度的紊亂，以致於通貨膨脹很嚴重時，買個菜得要扛著一米袋的錢。再來平日依賴作為資金流通的場所，也會失去功能，連提款都有問題。

只要有「中心」，就有了保護，也就有了依賴，也因此產生了「失去中心化」的風險。

　　同樣的道理，可以應用在不同的場域。假如一個家庭，如果父親是發號施令的中心，大家的行動都依照他的規範，全家的鑰匙也都保管在父親手上。但萬一哪一天父親因為急症突然被送去醫院，結果呢？全家不但驚慌失措，甚至連家都進不得。但假如平常每個人自己都保有一把鑰匙，那就不會有這樣的問題了。

　　有人會問，怎麼可能那麼誇張？像人人自己備有家裡的鑰匙，這是常識吧！但實際上，我們這個社會處處充滿著這樣的機制，從各式各樣的商品銷售，到生活中的音樂欣賞等，都是以「中心化」為主軸。也就是先從各個角落、各個基層，匯聚資源到一個中心，再透過中心統籌分配給全民。

　　例如一首歌曲，源頭是創作者，但創作者必須先融入中心化，在以唱片公司媒體平臺為核心的世界裡取得一席之地，最終再藉由這個「中心」發散給所有民眾。

　　在從前沒有網路的時代，人們為了聽一首歌，必須買下整

張專輯。現在這個時代有了數位下載，但卻產生了消費者只付平臺下載費，就可無限量聽音樂的演變，造成創作者難以得到「使用者付費」的好處，於是只得將音樂發行當「廣告」，主打的是歌手本人的品牌以及演唱會機會。

但若結合區塊鏈的技術，就可以在去中心化的理念下，將權力重新交回給每個節點。若以音樂事業來看，音樂創作者本身是節點，每個單一消費者也是節點，區塊鏈的特性是有加密保護紀錄的，因此所有的連結都有了保障，於是音樂創作者可以跟消費者有更多的連結。

例如某某素人歌手，可以建立自己的粉絲圈，不需透過唱片公司「發行」自己的音樂，甚至建立自己的 ICO（首次代幣公開發行），然後依使用者付費原則，拓展自己的經濟圈。

ⓒ 區塊鏈可能改變生活的樣貌

談起區塊鏈，就要談到兩個關鍵優勢，一是安全性，二是去中心化。

前面講到了去中心化，我們這裡來介紹安全性。區塊鏈因

為節點分散加密的特性，因此讓數位貨幣成為可能。但除了數位貨幣外，什麼事情需要「安全保障」呢？

嚴格來說，我們生活周遭任何事都需要安全保障，所以我們需要依賴政府以及大型機構來保障我們。

而這樣的保障，若找個象徵名詞，那應該就是「法律」。法律不僅是國家制定的法律，也包括各個行業的規章。舉例來說，我們租賃汽車時，就需要遵守相關的法規，這法規大範圍當然是指國家的交通安全法規，小範圍則是指租賃公司本身的規定，每天租賃是多少錢、不得損傷車體、行車必須注意事項等等。

以往的中心化，法規總要有個監督人，這個監督人一定位在某個核心總部。舉例來說，我們要租車，就一定要去租車中心，在那裡簽訂制式的合約後再上路。

合約掌控在核心中央，畢竟，總不能讓每個個別消費者自己擬訂合約，自己說了就算吧！然而，透過區塊鏈技術，未來還真的可以做到將中心下放到節點，也就是每個消費者身上，也就是說，以後消費者可能在自己家中，就能透過電腦簽署合

約，而這合約同時融入區塊鏈體系裡，形成一種保障。

　　不必去租車中心也能租車，可能整個體系擴大到汽車擁有者、汽車租借中心，以及汽車使用者，形成另一種產業鏈，過往因為缺少中心統合監控合約保障而無法做到的事，現在因為有了區塊鏈，很多事就可以做到。

　　其他包含醫療中心將資源分散到醫生、病人各自的手上，或者教育體系將資源分散老師和學生手上，只要擁有區塊鏈的安全認證，凡是各類需要認證、見證、包含合約學程認定等，都會因為區塊鏈而可以有新的樣貌。

　　簡單講，區塊鏈應用的落實，可以改變世界的樣貌。

關於區塊鏈，我們還需要知道什麼？

　　如同我們學習任何的知識，都不該抱有先入為主的觀念，認為這知識與我無關，我不可能懂這類的東西。

　　區塊鏈如果一開始就想成是屬於資訊科學類領域的東西，那就會畫地自限。

　　其實我們使用一項產品，不一定要了解全部的架構。就好比我們大部分人都會開車，但有多少人真的去認識引擎是如何運作、管線是如何連接的呢？

　　先懂得應用，讓自己於學習上立於不敗之地。

　　這也是我希望本書的讀者，在學習時要抱持的基本觀念。

　　接著再來介紹一些和區塊鏈有關的知識。

© 認識穩定幣

　　說起來諷刺，在網路時代興起後，人人高喊著地球村的概念，所謂「天涯若比鄰」，一臺電腦就可以將生意拓展到全世界。結果也正是這樣的全球化，一旦發生災難，也帶來了全球的骨牌效應。例如 2008 年雷曼兄弟事件，如果早個十年發生，可能影響力不會那麼大，但正因為全球網路化效應，這個金融風暴從西半球一路轟隆轟隆傳導到東半球，快速震垮包含臺灣在內的各國經濟。

　　區塊鏈誕生的背景，正是金融風暴時期。可以想見，如果過往追求的境界是「集中」、「世界一家」，然而區塊鏈技術反思的就是正好相反的概念，將力量「分散」，廣布於各個角落，沒有誰是王，甚至包含數位貨幣創幣者也是一樣，一旦將資源釋出，後續就由全世界不同地區的人接管。

　　如果中心化的關鍵字眼叫做「秩序」，那麼去中心化的關鍵字眼，就應該是「自由」。但所謂自由的另一種層面，就可能是「失控」，也因此不同的數位貨幣上市後，其價格依照市場機制漲漲跌跌，如同前述比特幣最高曾經每顆單價將近 2 萬

美元。2017 年以後，似乎全球各類的數位貨幣呈現跌勢，但未來是漲是跌，沒人可以預料。

在這樣的背景下，於是誕生了「穩定幣」。

既然數位貨幣的特性是去中心化，那就等同放棄「中央管控的秩序」，但又不希望太過失控，好比比特幣曾經一天內漲跌將近 20％。如果我們希望一個貨幣被作為現實生活中可以用的工具，但卻又擔心這樣的貨幣很不穩。舉例來說，真的曾經有企業體在發薪水時，有部分發放的是數位貨幣，如果今天幣值漲 20％，下月幣值跌 20％，不就等同員工薪水每個月像坐雲霄飛車一樣高高低低？那成何體統？

所謂「穩定幣」（Stablecoins），顧名思義是一種追求「穩定」的數位貨幣，但既然數位貨幣的特性就是去中心化，是追求自由，那如何「穩定」呢？勢必得追隨一個穩定的標的，基本上，這個穩定的標的就是法幣。具體的例子，就是「USDT」。

大家都知道 USD 是美元的簡稱，USDT，原名 Tether USD，本質上是一個錨定美元的數位貨幣，就好比一個國家發

行貨幣的基準，應該要有相應的黃金準備（所謂金本位），一家銀行對外做借貸，也應該有一定比例的存款準備。

　　而數位貨幣本身是資訊節點分散的，但穩定幣卻可以和法幣對接，也就是在發行時就已經設定好，每發行一個 USDT，背後都要對應一美元。

　　這樣的貨幣，一方面仍具備數位貨幣的各項特性，但同時又兼顧一定的穩定性，因為背後已經提存 1：1 的美元準備金做擔保。當然實務上，穩定幣的發行也仍有其他的交易風險，這裡介紹的只是簡單的概念。

　　讀者朋友要知道的，就是透過區塊鏈的技術，應用在金融領域，讓很多傳統的貨幣概念被顛覆了，但這樣的顛覆還可能發生在其他產業，這樣的事正逐漸在發生中，未來世界會怎樣呢？可以說，你我都已經處在區塊鏈的浪潮裡。

ⓒ 處在區塊鏈發展的社會裡

講到了趨勢潮流，本章最後就來談談整個大環境的趨勢。

雖然如同前面幾節所述，區塊鏈的特點之一就是「去中心化」，但以國家政府的角色來看，要做到一方面不成為趨勢的阻力，二方面更要抓住趨勢，提升國家的實力。

好比說，比特幣及以太幣的風行，政府的作法不會因為怕新臺幣受影響，而打壓數位貨幣。但政府當然也不可能自己發行數位貨幣，畢竟那和數位貨幣的宗旨違背。

然而前面我們也說過，區塊鏈的應用範圍很廣，不只是金融面，也包括在醫療、工業、音樂等各層面，如果善於結合技術，適當的提升各組織營運效率，這也是正確的應用。

以臺灣來說，代表國家發展的最高機關是國發會，國發會主委在 2018 年就發表了政府未來針對區塊鏈的發展，著重在四大課題：加大政策支持力道、完善監管法規、與國際個資保護接軌以及導入公共治理，以達成臺灣成為世界區塊鏈產業中心的願景。

具體來說，政府的作為主要是扮演監督者以及保護者的角

色。如果對人民有利的事，要負起監督保護的角色，這過程中如果缺少法律保障，就制定法律，缺少專業人員的，就培訓專業人員。

身為一般百姓，我們可以從中得到什麼啟示呢？

第一，如果未來政府本身加入了區塊鏈潮流，協助輔導產業升級，那麼身為產業中人，我們就必須要聯想到，我們的工作會不會受到影響，我們的職務會不會被取代？畢竟所謂的轉型，有新的引進，就會有舊的被淘汰，我們要讓自己立於不敗之地，就必須不斷提升自己，讓自己的職能可以和區塊鏈趨勢接軌。

第二，如果各類轉型已經是趨勢，那麼，我們本身是否也可以轉型呢？好比說，我們原本的工作，必須委任一個中央處理，例如我們的農產品送交大盤商批發，我們的創作送到出版公司總部審核，但未來我們可否讓自己就直接成為區塊鏈的一環？例如是否我們自己可以成為 ICO（首次代幣公開發行，在第五章會詳細介紹）？這都是可以思考的課題。

最後，以在商言商的角度，我們的產業、我們的工作或我

們的專長，是否可以抓住趨勢獲利呢？關於這些都是可以多加思考的。

　　關於區塊鏈的各項應用及相關知識，我們在後面將做更具體的說明。

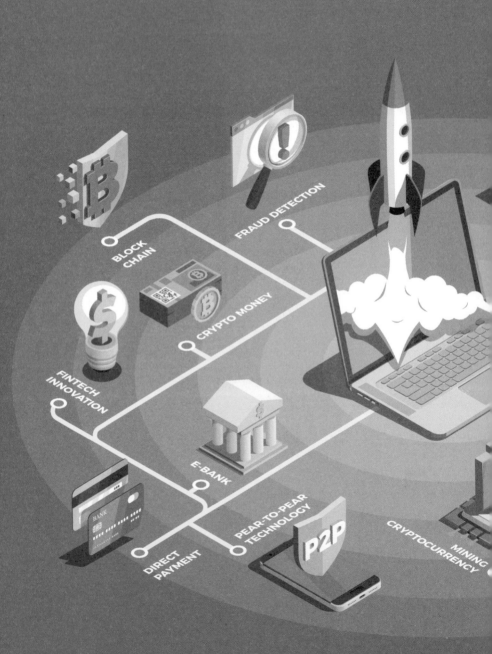

BLOCK CHAIN

FRAUD DETECTION

CRYPTO MONEY

FINTECH INNOVATION

E-BANK

DIRECT PAYMENT

PEAR-TO-PEAR TECHNOLOGY

P2P

CRYPTOCURRENCY

MINING

BANK

第二章　區塊鏈的運用

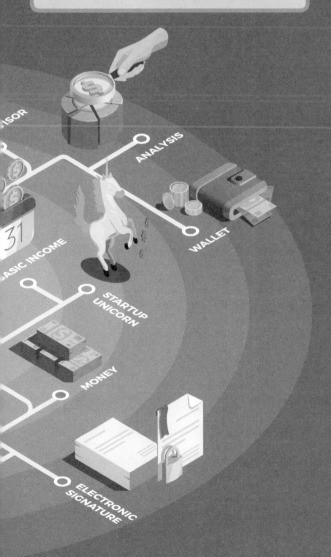

瘦身甩肉不必花錢，還能賺幣！

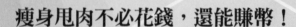

曾經聽朋友說，到瘦身中心減肥，平均每減一公斤的肉，要花上一萬元。

如果瘦身不但不必花錢，還可以賺錢，你會心動嗎？

◇ 區塊鏈出現之前

夏天漸漸來臨，曼蒂一想到前陣子在玻璃櫥窗裡看到的漂亮洋裝，再看看自己現在的身材，於是下定決心，每天下班後到住家附近的公園開始運動。

「嗨！曼蒂，我剛才遠遠看還有點不確定，沒想到真的是你耶！怎麼這個時間在這裡？運動嗎？」

正在努力按照書上所說的學習健走時，沒想到就被國小同學蘿拉看見，她手上似乎還提著香噴噴的炸雞準備回家。

「對啊！我想變瘦、變健康一點嘛！每天待在辦公室屁股

都坐大了，體力也變得好差喔！」雖然這樣說著，曼蒂卻忍不住想結束這一切，跟著蘿拉一起吃炸雞……

兩週之後，蘿拉打電話給曼蒂：「親愛的，大夥說要找你晚餐呢！不過，話說回來，你晚上是不是還要去運動？」

「噢！我不去了啦！先是花錢買跑鞋、運動褲的，每天還要趕下班、空著肚子去走走跑跑的，就為了那幾公斤，真是累死我了，走吧！我們去吃大餐！」

🧊 區塊鏈出現之後

遠遠地，蘿拉就看到一個熟悉身影在河堤邊跑步，她快步追上。

「咦？曼蒂，又遇到你了，怎麼，你又開始運動了嗎？」看著曼蒂從上到下，帽子、運動衣褲、心率錶、壓力襪……一身行頭比之前更齊全，煞有其事的模樣，看起來身材好像也變得更結實囉！

像是做了什麼偷偷摸摸的事，曼蒂一臉尷尬的說：「哈！對啊！嗯……其實是這樣的。」曼蒂突然降低音量，拿出手機

滑滑點點後，攤在蘿拉面前，悄聲地說：「你看，我在賺『汗幣』啦！只要累積跑步步數，就可換成 coin，減肥還有錢賺，超棒的！」

「蛤？你何時也玩起這種線上遊戲啦？賺這些點數做什麼？」蘿拉不解，雖然運動是好事，但她十分意外，從來不碰遊戲軟體的曼蒂，怎麼也對虛擬世界感興趣了呢？

曼蒂瞄了瞄，確定四周沒人後才答：「嘿！這不是虛擬點數，我全身上下的裝備就是拿汗幣換來的，而且，星期六還有一堂瑜伽課等著我去上，也是跑出來的呢！」

☼ 小 M 解析

相信你跟我一樣，周遭有很多人一開始總是發下宏願要減重、瘦身，但往往都只有三分鐘熱度，沒多久便鬆懈下來，難以堅持下去。

一個由英國團隊研發的健身類應用 APP「汗幣（Sweatcoin）」便是因此獲得啟發，運用區塊鏈技術，計算使用者走路或跑步的步數，將之轉換成「汗幣」這樣的獎勵，

用來兌換合作商家所提供的實體商品或服務，讓運動效果不僅反應在身體健康上，也能夠有其他實質的回報。

和比特幣藉由電腦運算「挖礦」換幣的形式不同，汗幣使人們透過走向戶外的「挖礦」方式賺取數位貨幣。像這種鼓勵運動的區塊鏈技術就很值得推廣，也讓我不禁想到，Sweatcoin是用步數換幣，哪一天會不會也出現「瘦幣」，用減掉的公斤數來換相關的瘦身產品呢？相信應該會頗受歡迎。

不過，由於執行動作的計算結果是經由手機裡的陀螺儀進行感測得到，難免會有人為了換到貨幣和商品而「作弊」，比方說想賺到汗幣的人站在原地用力甩手機之類的，這時APP軟體防範作弊的機制也必須建置完全。像是Sweatcoin便從手機收集用戶的GPS定位資訊，和所追蹤到的步數與其他數據交互比對，要是有不相符合的情況，便無法兌換汗幣。

此外，還有一種應用在兩性情趣領域的另類挖礦方式，類似運動這樣藉由智慧型商品傳輸動作頻率的方式，即全球第一個情趣物聯網社交平臺——新加坡的「小愛鏈」，其用戶在使用智慧型情趣用品時，透過APP的連結獲得代幣AIF。而

賺來的 AIF 可以在此包含社區交友和情趣電商的社交平臺上，購買情趣用品、玩遊戲、進行交友，或是為喜愛的影片和直播節目打賞，讓所有情趣商品使用者也能透過一個去中心化的系統，打造極具隱私的成人社交生活。

⑤ 思考看看還能如何應用

　　除了賺取數位貨幣和兌換商品之外，假如試著將運動結合以太坊區塊鏈的智慧型合約概念，好像也不失為一個達到督促作用的方法。

　　舉例來說，將以往健身房的紙本合約改成智慧型合約，不但可以把自己每次健身的成果清楚上傳、記錄並進行分析，還能藉由事先預設好的合約條件確實執行。

　　譬如哪一天因為偷懶沒上健身房，或是某幾天因為放縱、吃得太多導致體重上升，便透過平臺發出警示、昭告親友等等，這樣一來會不會讓人更有動力呢？

💡 我的幣勝創意

看完了這一篇，是否激發你的靈感？快！動手寫下來吧！

創作有價！用讚數累積出版資金

人們常說「創意無價」，我覺得這句話只對了一半！

要是能把每一篇文章、每一個讚都變成實質的報酬，用來支持下一次創作的能量，這豈不是更棒？

◇ 區塊鏈出現之前

星期六的下午，姊妹淘的咖啡聚會。

曼蒂突然從包包拿出一份文件，蘿拉驚呼：「不會吧！你假日還要加班讀 paper 啊？」

「不是啦！」曼蒂把薄薄一疊紙在蘿拉面前揮了揮，「是我表妹的履歷表，她要我幫忙看一下。」

也對，曼蒂做人資工作好幾年了，讓她檢視履歷應該滿合適的。但是這件事好像哪裡不太對勁……，「咦？她不是立志成為作家嗎？」蘿拉記得這位表妹從畢業後就一直維持很自由

的工作型態，以前有一些散文小說得過文學獎之類的，近期幾篇短篇創作也頗受臉友歡迎的。

「唉！她都要找工作了，我看是當不成啦！這幾年她出版社的 case 變得很少，大部分只能在網路上發表文章，雖然有接到一些商業合作的機會，但是要支撐生活根本不夠啊！」

曼蒂接著把手機切換到社群網站指給蘿拉看：「就算這麼多『婉君』按讚跟分享又怎樣呢？現實情況是，只要你還沒成名，想靠創作維生都有問題，還是先顧肚子吧！」

🔷 區塊鏈出現之後

鈴鈴鈴！是蘿拉的來電：「嗨！曼蒂，下個禮拜天有空嗎？要不要去看上次說的那檔展覽？」

「改天好不好？那天我要去參加表妹的簽書會跟慶功宴耶！」

「表妹的簽書會？意思是說，你表妹出書了？是那種要幫書迷簽名的作家嗎？」

「對啊！我一定要跟你分享這整件事的過程，有個朋友聽

到我表妹的事之後，告訴我們現在有一個區塊鏈內容平臺，一旦放到平臺上的創作受到其他用戶的喜愛、留言或分享，那些『讚』就會變成貨幣，貨幣可以用來購買真正的商品，還可以轉換成現金喔！」

曼蒂興奮地說：「更棒的是，後來表妹在區塊鏈認識的粉絲們，還共同出資協助她出版紙本書，所以她現在是名符其實的作家啦！」

蘿拉聽起來，覺得有點像天方夜譚：「但是我不懂欸，欣賞才華是一回事，願意投資出書又是另一回事，那些人為何要出資，有什麼好處？」

「他們就有點像是股東呀！從現在開始，只要書每賣出去一本，或是書上的文章被轉載……，所有投資她的鏈友都可以透過智慧型合約，自動分配獲得利潤唷！」

✵ 小 M 解析

隨著數位科技和社群媒體的發展，我們可以看到越來越多創作利用社群平臺傳播出去，但是一個好的創作，除了按讚

數帶來的成就感以外，有沒有可能拿到相對的實際報酬呢？區塊鏈裡有個非常關鍵的機制──工作量證明（Proof-of-Work，PoW），意思是用戶做了多少工作，就能獲得對應的貨幣，像比特幣便是透過執行解碼演算而來。

用在創作方面，現在也出現了去中心化的內容創作平臺，舉例來說，還在公開發行階段的「LikeCoin」，就是一個「化Like 為 Coin」的運作模式。

創作者只要專注創造好作品，並在區塊鏈上登錄資料，所有傳播路徑皆有跡可循，讓創意內容得到的每一個「Like」都能變現，兌換成其他加密貨幣或法定貨幣。

內容創作區塊鏈的產生有什麼好處呢？對新手作家、素人創作者來說，不必再費盡心力尋找商業合作機會，創作價值就能被看見，也可以獲取合理收入，翻轉了過去總是由第三方平臺大部分獲利的情況。

另一方面，透過區塊鏈的時間戳記（Timestamp）功能，「誰在什麼時間創作了哪些內容」清清楚楚，有助解決當前版權舉證困難、必須耗費不少時間與成本等問題。而對於區塊鏈

其他用戶（讀者）而言，從這個新平臺能夠找到更多優質的原創作品，而非是那些廣告商喜歡的內容。在區塊鏈的應用上，我認為這是非常正向健康、未來可以發展的方向。

⑤ 思考看看還能如何應用

　　除了故事裡所提到的，將創作平臺區塊鏈與 Smart Contract 智慧型合約程式加以整合，便能落實「募資」計畫：讓參與者投入資金的同時也能得到應有的權益，一旦創作內容獲得收益時，藉著智慧型合約可直接回饋給投資者，例如使其持有加密貨幣或創作者的其他服務、產品，而且整體過程更透明簡單。

　　此外，還可大幅提高作品授權使用的效率，原本傳統創作十分複雜的授權流程得以被簡化。甚至，自由創作者不妨試試在區塊鏈上將部分內容免費開放，部分則採付費限定閱讀模式，也是一個賺取 coin 的方法！

💡 我的幣勝創意

看完了這一篇，是否激發你的靈感？快！動手寫下來吧！

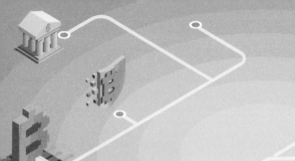

鏈結全世界，人人都能做生意

有一份最新報告指出，2017 年全球超過 80％的財富，被最富有的 1% 人口掌握著。

開拓商機、創造經濟價值，是有錢人的專利嗎？區塊鏈告訴你，沒有這麼難！

◇ 區塊鏈出現之前

一輛白色房車緩緩停在人行道旁，蘿拉打開車門鑽進去，看了看副駕，空空如也：「小 P，怎麼只有你一個人，不是說史塔克要跟你一起來嗎？」

攢錢多年，蘿拉好不容易省吃儉用存到一筆可以買間小宅的基金了，於是找來兩人陪她一起去看看幾個建案。

小 P 無奈地從後照鏡裡看她：「他要我跟你說 sorry 啦！剛才我準備出門載他之前撥了通電話，他才想到這個約，但因

為他已經跟其他朋友碰面正在談事情，所以就⋯⋯」

「噢！這個人真是的，什麼事比陪我看房子重要？」

「史塔克說他之前參加設計展時，認識了幾個對作品很感興趣的國外買家，這幾天剛好都來談採購，為了搞清楚怎麼做生意，才會臨時改約。」

蘿拉腦海裡浮現那些史塔克用回收舊木料做的燈具，真的很有特色：「哇！這是好消息，是應該先去賺錢沒錯。」

「不過他很頭痛，因為買家希望交易可以盡早進行、趕快拿到東西，但史塔克光是要搞懂創業流程、融資、申請信用狀什麼的，就已經快瘋啦！現在他最擔心的是買家等不及，會取消採購。」

區塊鏈出現之後

匡噹！四只酒杯碰了碰：「恭喜我們的設計師老闆創業成功，Cheers ！」

這一天晚上，曼蒂、蘿拉、小 P 來到史塔克家裡，一起慶祝史塔克幾筆訂單終於順利交貨。

　　「史塔克，快說！你到底是動用了什麼人脈，前陣子不是還為了怎麼做生意大傷腦筋，結果沒多久就變成大老闆啦？」曼蒂一臉等著聽八卦的模樣。

　　「我靠的不是人，是『鏈』！」

　　這是什麼啞謎？三人面面相覷，突然間，曼蒂靈光一閃：「你不會是要說是區塊鏈幫了你吧？」

　　「賓果！」看著三人不動聲色巴巴望著他，史塔克很自動地繼續講這段故事：「本來我也以為生意做不成了，後來一位買家跟我說透過區塊鏈交易，不但可以縮短流程、更快速，而且也很安全。我一開始半信半疑的，直到問了幾個科技界的朋友，才確定不會有問題。少掉那些繁瑣流程後，真的很方便，而且還省下不少申請費用，你們說說看，幫我的不是區塊鏈，是誰？」

✵ 小 M 解析

　　區塊鏈是一個分散式的帳本科技，最大特色之一就是它既匿名，也是公開的。所有資料經由數位簽章加密及演算後，可

得到一串被清楚記錄在區塊鏈上的 hash 值，而每一筆資料的 hash 值都是唯一的；在網路世界裡除非藉由特殊的認證方式證明，否則沒有人會知道這個 hash 值是屬於哪一個人的。

應用在貿易方面，舉個例子來說，A 和 B 兩個完全不認識、沒有信任基礎的人，想要做生意，A 可以藉著在區塊鏈的公開紀錄裡，查到某個位址是否有足以進行交易的貨幣，而 B 透過使用電子錢包的動作，可向 A 證明這個 hash 是屬於他的，並用 B 持有的私鑰簽核便可完成交易，毋須透過中間人，也免除了過去紙本對帳的需求。

不單單是故事中的史塔克在創業時有各種流程要跑，甚至還會產生一些障礙。就拿最基本的開戶來說，非洲很多國家有 90％以上人民是沒有銀行帳戶的，像是辛巴威便因為惡性通膨，現金面臨短缺的困境，即使戶頭裡有錢也不一定領得出來。當一個國家連保障人民資產安全的能力都沒有的時候，該如何對外發展、進行貿易？而加密貨幣和區塊鏈的出現，在很大程度上能幫助到許多貧窮國家改變這樣的現狀。

區塊鏈技術「去中心化」的特點，打破以往人們需要銀

行、信用卡公司或其他中介機構方可付款運作的限制，不僅大幅度降低創業難度和交易成本，也能精簡冗長的交易程序，提高貿易效率、擴大交易範圍。

　　這一點對許多沒有經濟基礎的青年創業者，或是某些連金融制度都不夠健全的國家人民而言，相當可貴，它讓每個人都能有機會創造財富、共享經濟。

⑤ 思考看看還能如何應用

　　要特別注意的是，區塊鏈上的交易具有不可逆、無法竄改的特性，意即當 A 發出貨幣給 B 之後，就沒辦法再行撤銷或更改了。這樣一來，假設 A 付錢給 B，B 卻沒有出貨給 A，或是 B 出貨給 A 卻沒有收到貨款，該怎麼辦？此時或可運用一份具有多重簽名的三方智慧型合約，當交易過程發生爭議時，由不認識 A 和 B 的 C 進行仲裁。

　　由此可以想像，未來應該也會出現供應商提供相關的服務。或者在訂定智慧型合約時，A 和 B 兩人各先付一筆押金，保證合約的履行，也是一個方式。

💡 我的幣勝創意

看完了這一篇，是否激發你的靈感？快！動手寫下來吧！

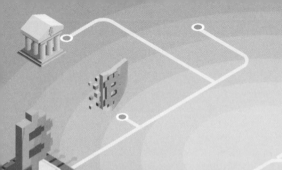

優化流程，保險自動理賠

投保容易，理賠難。你對保險是否也有如此觀感呢？

其實，我們可以透過區塊鏈保障權益，讓說好的理賠百分之百履行，而且完全自動化！

◇ 區塊鏈出現之前

從南部出差返北的高速公路上，小 P 遠遠看到前面好似有一列停止的壅塞車陣，於是慢慢降低車速，加入一動也不動的隊伍之中。

「該不會有什麼事故吧？糟糕……」還在自言自語時，突然聽到後方傳來尖銳的急煞聲，還來不及反應時，「砰！」的一聲，小 P 的車就被撞了。

十個禮拜後，「還好那時你跟對方人都沒事，只有車子受傷，又有車險可以賠償，也是不幸中的大幸了！」立志一輩子

只給人載、絕不自己開車的曼蒂，意志更加堅定了。

「欸！你知道嗎？光是為了保險，我就不曉得浪費多少時間了，到今天才算整個處理完畢。」小P一臉不以為然。

「怎麼說？不是把單據給保險公司辦就好了嗎？」

「才沒那麼簡單呢！首先，保險公司必須透過當事人委託，跟警察調閱事故的鑑定結果才能開始辦理，我等了很久，後來才知道撞我的車主並沒有把委託書寄給保險公司，這樣當然申請不下來。而流程卡在這裡，居然都沒有任何一個承辦人員來告知，等到我自己打了電話才知道，然後接下來又得跑一堆繁雜的程序……」

區塊鏈出現之後

一年後，同樣一個路段，又堵塞了！小P的思緒不禁飄回一年前，因為前面車子發生事故，自己也莫名其妙跟著遭殃，真是倒楣。

「砰！」車子一陣晃動，「搞什麼？我又被撞了！」天底下還有比這更衰的事嗎？

　　警察終於做完筆錄，小 P 哀怨地想，在相同地點被同一個人撞到第二次，這樣的機率究竟是多少？

　　「真的很抱歉！上次，還有這次……」

　　唉！對方也只是個年輕美眉，正想開口勸她以後開車小心點，她接著說話了：「不過我保證，這次我會在第一時間去處理委託書的事，我們兩個就可以利用區塊鏈的智慧型合約功能，很快拿到理賠了，不會再像上次一樣讓你等那麼久。」

　　聽她一說，小 P 心情的確輕鬆不少。反正只是車子毀損嘛！現在有了方便的區塊鏈技術，只要釐清肇事責任後，系統就可以自行判斷理賠等級和金額，理賠金自動會撥到帳戶裡，完全不用擔心！

✵ 小 M 解析

　　以往只要發生任何需要保險理賠的狀況，不可避免地，就是一連串單據填寫、申請、鑑定、合約往返等程序，確保每一個步驟都完成才能領取到金額，過程非常冗長。

　　像故事裡的車禍事故，維持現場原樣並報警，就會有警察

進行勘查，責任歸屬是很清楚的，加上現在大多數車主都有保險，只有車輛毀損的狀況下，其實毋須太傷腦筋。

但最令人困擾的，通常就是保險公司文件作業時間長，或者有比較被動、延遲這樣的人為狀況，讓被保險人從申請到理賠必須經歷長時間的等待，甚至衍生爭議與糾紛。

然而透過區塊鏈資料儲存和傳遞，每一個機構或單位就不需要再管理個別的資料庫，也不需要再和別人的資料庫進行比對、查證。

不過，要能夠真正應用到商業領域上，或是讓人類的生活更便利，搭配智慧型合約將權利義務以程式定義，然後自動運作，絕對不可或缺，而這也可以擊破目前在保險理賠上的痛點，獲得很大的改善。

以勞保來說，也可以這樣做，假設政府各部門都能藉由區塊鏈共享資源，我們在智慧型合約上設定投保三十年後便給付退休金，一切自動化且清楚透明，更可以避免勞保黃牛假借協助代辦實則詐騙的行為了。

類似的方式現在也應用在產物保險層面，例如航班延誤

險，保戶只要於投保時提供所搭乘的航班資料，整合了全球班機資訊的系統，在自動比對航班預計抵達和實際抵達目的地時間後，一旦確認有延誤並達到理賠標準時，即啟動線上理賠程序。對投保的旅客來說，既可免除各種查核、取得證明的申請作業，也不需等到歸國後親自到機場才能辦理，自然不用擔心因為忘記而白白蒙受損失。

⑤ 思考看看還能如何應用

以車輛事故為例，要是從警察到場開始就能使用區塊鏈技術，那就更便利了！比方當發生事故時，警察至現場只須登入車號，並在區塊鏈鍵入相關資料，確定是何時、何種原因導致意外，即觸發合約，什麼狀況能獲得理賠、該理賠多少金額，由程式根據保險理賠規則自動判別，再透過金流系統將賠付金匯給保戶，如此一來，連申請行車鑑定結果的程序都省下了。

若是進一步也把汽車維修、更換零件等資料紀錄儲存下來，藉由區塊鏈技術不可修改的特性，也能避免詐保的情況發生哦！

💡 我的幣勝創意

看完了這一篇，是否激發你的靈感？快！動手寫下來吧！

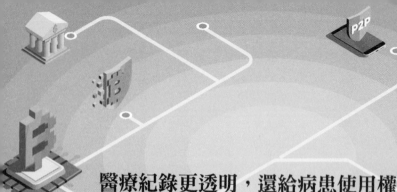

醫療紀錄更透明，還給病患使用權

傳統的醫療體系，讓我們的病歷散落各處，造成許多困擾，經由區塊鏈的整合，完整的健康紀錄自己掌握，就醫會更有效率！

◇ 區塊鏈出現之前

休假這天，曼蒂好不容易花了一個早上把家事做完，準備外出吃午餐，一樓大廳裡和同棟社區裡的鄰居碰個正著。

「嗨！楊大姐，你今天也休假嗎？」但曼蒂發現，這位平常親切的鄰居似乎臉色不善。

「我請假，早上回桃園調病歷。」看著曼蒂關切的眼神，楊大姐繼續說：「我媽媽在 A 醫院診查出特殊疾病，但是 A 醫院說他們缺乏相關儀器，必須到別間醫院治療。我把她接來臺北，到了 B 醫院門診，醫生又說要回原醫院申請調出病歷。

真的會被氣死！發生這種事我一時心急，壓根沒想到還得把病歷帶著跑呀！」

原來如此，任誰都會心情不佳，「你的心情我能理解，希望楊媽媽可以趕快獲得妥善的治療。但我有個疑問，病歷不應該是患者自己要擁有的資料嗎？像現在這樣，我們每換一間醫療院所，就要再重新填寫一次病歷資料，有時候還覺得真是挺麻煩的。」

「是呀！而且我聽護士說，就算是電子病歷也一樣，只在單一家醫院裡面流通而已，要是想轉到其他院所，都要花錢另外跟醫院申請的……」

區塊鏈出現之後

下班回到家，已經是八點多了，曼蒂經過社區中庭，看見幾個媽媽們聚在一起閒話家常，半年前已經完全恢復健康的楊媽媽也在裡面。

「陳太太，怎麼現在都沒看到兒子陪你去醫院啦？」

「唉唷！年輕人讓他去忙事業，看病這種小事我們自己

來就好。而且以前他是擔心醫生問我生過什麼病、做過什麼手術，或是吃什麼藥會過敏，我會講不清楚，才一起跟著去。現在這些資料讓醫生上到區塊鏈一查就知道，比我兒子的人腦還清楚呀！」

楊媽媽回憶著：「現在真的太方便了，要是之前就有這個資料庫，我女兒也不會為了病歷、申請醫療理賠什麼的，忙得焦頭爛額了。」

另一位李阿姨接著說：「上次我大哥到國外旅遊時生病看醫生，回來以後申請健保給付，也是線上資料填一填，原本自己先墊的醫療費用很快就核退下來了。不像以前還要準備一堆收據、明細表、診斷書、出入境文件。」說到一半，視線剛好瞄到曼蒂。

「曼蒂你回來啦！上次我跟你說的那個男生，什麼時候……」

「呃！各位阿姨，我肚子好痛喔！我先上樓，你們慢慢聊！」媽媽們最愛當媒人了，還是溜之大吉為妙。

⚛ 小 M 解析

　　現在醫療系統在患者病歷的管理上，是完全沒有經過統合、資料不共通的，病患要是在五間醫院看過診，那麼這五家醫院便都各自持有一部分的醫療紀錄，想轉去其他院所就醫，還得經過重重關卡、繳交手續費後才能拿到病歷影本。

　　還有一種情況是，明明在 A 醫院做過的檢查，跑到 B 醫院後又得再做一次，不但造成醫療資源的浪費，病人也耗費不少時間。難道我們不能擁有一個屬於自身的、完整收錄健康報告和就診資料等資訊的帳戶？

　　過去，由於病歷屬敏感性個資，所以才會需要層層把關，以確保資料安全、保障病患的隱私。將區塊鏈技術導入醫療體系中，會產生什麼效益呢？

1. 患者資料被統一放置在一個非公開的資料庫（區塊鏈資料錢包）裡，讓病歷回歸病患本身，自己就能掌握與切身相關的資訊；醫院之間透過每一個節點之間的聯繫，病歷和健康資料便可互享、交換；而分散式帳本儲存的特色，能有效預防集中保管遭駭的威脅。

2.　藉由隨時自動同步更新病歷的程序，可免去病患重複
　　檢查的情況，當患者有必要轉診或有多重疾病時，醫
　　師便能很快知道病史和過去曾服用過的藥物，迅速掌
　　握病情、節省醫療資源。

3.　就病人申請保險理賠而言，保險公司只要透過患者授
　　權，即可獲取區塊鏈上的就診資料，能減少許多人工
　　作業，也不會發生偽造文件、詐領保費的狀況。但要
　　注意的是，未來如何保障個人隱私，或誰能查詢、將
　　記錄鍵入區塊鏈裡，相關配套措施變得十分重要；而
　　且當取用病歷的鑰匙專屬於病人本身時，每當需要授
　　權時就得透過病患操作，或許也會衍生出其他問題。

⑤ 思考看看還能如何應用

　　醫療區塊鏈最理想的情境之一，應該是能夠實現跨國境醫
療服務的提供，藉由病歷庫的交換，既可讓病患在第一時間內
得到最精確的診斷和治療，也能運用在流行病的預防和即時回
應上。

針對醫療研究領域，結合加密貨幣的設計也未嘗不可，貨幣在此區塊鏈上的角色，是用來鼓勵用戶交換自己的健康資訊，以便協助機構或專家提出更具參考價值或者前瞻性的醫療策略。

我的幣勝創意

　　看完了這一篇，是否激發你的靈感？快！動手寫下來吧！

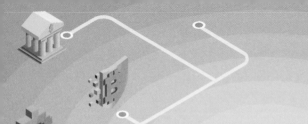

食安無漏洞，手機一掃就知道

　　無論國內外，人性似乎大抵相同，逾期食物竄改標籤繼續賣的食安事件，層出不窮。

　　要如何確保每一口食物的來源？就讓區塊鏈為食材驗明正身吧！

◇ 區塊鏈出現之前

　　「耶！休息囉，一起去買飯！」中午用餐時間，當同事們紛紛結伴到公司樓下尋找外食時，蘿拉好整以暇地拿出早上做的冷便當，一邊想著還是自己做菜安心些，一邊將白煮蛋用叉子戳成小塊放進嘴裡。

　　「接下來，讓我們來關心一則食安重大消息。」收音機裡傳來播報新聞的聲音，「今天早上，食藥署、環保署和農委會共同舉行記者會，表示相關單位在○○蛋行抽檢到一批問題雞

蛋，其中含有被稱為世紀毒物的戴奧辛，而且竟然嚴重超標，目前這批雞蛋據悉已經鋪貨至全臺，目前還在追查流向，恐怕眾多消費者早已吃下肚……」

原本開心大口咀嚼的蘿拉停下動作，呆呆望著便當盒裡剩餘的雞蛋，接著忍不住大罵：「怎麼連雞蛋都能出問題啊？現在還連毒蛋賣到哪裡去都不知道！天啊！我會不會中毒呀？」

「哎呀！別想太多。」隔壁的同事 May 一句安慰之後，來了個打擊：「我們這些小老百姓就是白老鼠來著，表面上好像知道很多資訊，但就拿食品來說好了，所有生產過程根本就是不透明的。習慣就好啦！說不定吃了以後，身體還能培養出抗體咧！」

這……這是什麼歪理呀！

區塊鏈出現之後

史塔克利用朋友拆除老房子的廢棄木料，設計了幾款化妝鏡，想聽聽蘿拉和曼蒂的意見，於是約了兩人一起吃飯。沒想到她們倆近來竟不約而同地，十分熱衷於做菜，於是決定放棄

外食，一起到曼蒂家準備開伙聚餐。

「哇！你們倆買了什麼好東西？看起來很豐盛。」史塔克看著滿滿兩大袋超市戰利品，開始有點擔心好像買太多了。

曼蒂開心地從購物袋裡拿出一盒牛肉：「噢！跟你說，我們買的食物都是有身分證的啦！喏！你看這盒肉，只要拿起手機掃一下 QR code，之前在哪裡被誰飼養，怎麼分切加工、運輸都很清楚，保證你吃得美味又安心！」

蘿拉接著打開一袋海鮮：「這魚和蝦子也是，在哪個海域、什麼時間、用了何種方法捕撈，就連卸貨的過程都很仔細，將來要是發生問題就可以往上追溯⋯⋯」

史塔克的肚子咕嚕了一聲：「兩位，我知道你們買的食材都很棒啦！但可以等一下再討論這些食物的前世今生嗎？先動手做飯吧！」

✦ 小 M 解析

在區塊鏈運作的世界裡有一個特點，那就是「可以公開、隨時清楚」，只有規則和條款，沒有模糊地帶，也不講人情，應用在像是食品安全的領域，對於消費者會是很大的保障。

這幾年我們經常聽到「從農場到餐桌」的飲食概念，但是大眾真的擁有完整而透明的資訊嗎？儘管現在有很多食物認證制度，但是消費者大部分時候只能看到幾個認證標示，或是充滿數據的檢驗報告，檢驗者是誰、過程有沒有瑕疵，可能都無從知道。

不妨想像一個畫面：今天我到賣場買了一盒咖啡蛋糕，利用智慧型手機掃描食品包裝上的條碼連到區塊鏈一看，就能知道蛋糕是誰做的、麵粉原料是哪裡來的、所使用的咖啡是否符合公平交易制度，以及運送時間、儲存溫度等，從生產、製造到上架一系列過程，相關資訊都被詳實的記錄下來，而且無法更改。

這樣一來，就能降低竄改標籤，以及「這是本地放養的雞」、「這是來自加拿大的非基改黃豆」等種種來自於「人」

的風險；萬一發生食安問題時，大家也可以公開檢視每一個環節，並且精確地找出問題的環節個別處理，增進作業效率。同時避免過去往往在無法查明流向的狀態下，必須將食物全部銷毀的情況。

　　而對需要了解餐盤中食物是否符合特定需求的族群，例如必須遵守清真飲食律例的穆斯林、堅持環保和有機食物的消費者而言，藉由此一溯源技術，只要輕鬆用手機就能追蹤和辨別，既快速又準確。

⑤ 思考看看還能如何應用

　　從食品溯源的概念延伸，像是酒類或攸關健康和生命的藥品等真偽，都很適合用區塊鏈協助追蹤。

　　另外，這也同樣適用於我們周遭的日常生活用品，像是家具、家飾所使用的原料，石材、木頭、布料來自何處，或是來源廠商是誰……甚至可以運用在皮件、珠寶、手錶等精品，讓每一個產品都擁有自己的生產履歷，避免消費者買到贗品或劣質商品。

💡 我的幣勝創意

看完了這一篇，是否激發你的靈感？快！動手寫下來吧！

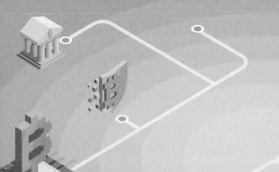

資訊共享，租屋不再霧煞煞

據說，德國人一輩子租房的比例非常高，是因為他們有非常健全的租屋系統。

假如租房可以既方便又安心，是不是就不需再為了買房辛苦揹房貸，換來更好的生活品質呢？

◇ 區塊鏈出現之前

「哈囉大家，你們住的地方或附近有沒有要出租的一層公寓？急！」

午休時間，曼蒂瞥見手機群組上跳出一則蘿拉傳來的訊息，奇怪了，她不是準備要買房子，怎麼變成要租？

「發生什麼事？你被房東趕出來囉？」接著，小 P 和史塔克分別也傳了驚訝或哭泣的貼圖。

「不是我，是公司的工讀美眉，她和朋友合租了一層小公

寓，才剛搬進去 2 個月而已，房東竟然說當時的租賃合約租金金額寫錯啦！他發現這樣租給她們根本不敷成本，現在要調漲租金，如果房客不同意就只能搬家。」

「簽訂契約的期限還沒到，租金能說漲就漲嗎？」以前也曾跟房東有過不愉快經驗的小 P 義憤填膺地說。

蘿拉回覆：「更糟的還在後面咧！這房東居然還是假的！昨天從國外回來的正牌房東想說要打掃房子，才發現自己的房子莫名其妙被租出去，還要房客想辦法聯絡假房東，拿回租金、押金跟合約呢！」

🔗 區塊鏈出現之後

好個週末啊！本來應該舒服待在家裡打 LOL 的，但現在卻得一整天在外面奔波找房子！小 P 一邊找停車位，一邊感嘆因為房東要把房子收回去自住，他美好的假期就這麼泡湯了。

更令人沮喪的是，前面看的幾間套房，要嘛屋況跟照片落差很大，不然就是價格跟市場行情不符合，還有一間是房東怕收不到租金，要求簽本票，希望接下來這間可以正常一點。

　　帶看屋的房東先生人看起來很古意：「帥哥，你租我的房子可以放心啦！你看，屋況維持得很好，附近機能也很方便喔！還有啊……」

　　房東從手提袋裡拿出一臺平板電腦，「我這房子資料都很清楚的，所有權狀在這裡。如果你確定要租，我也會把合約放到『安居鏈』*裡面。對了，你要到這個區塊鏈去註冊，這樣才能簽約，以後房租也用這直接轉給我就好了。」

　　太棒了，房子跟房東都很不錯，看來房事終於可以告一段落了：「房東大哥，你好跟得上時代唷！」

　　「這是一定要的啊！保護你也保護我自己嘛！大家都不知道，我們當房東的也很怕遇到那種繳不出錢的、霸著房子不走，還是通緝犯什麼的惡房客。」

✿ 小 M 解析

　　不管是新聞報導或身邊所聽到的經驗談，租賃房屋產生的種種糾紛時有所聞，甚至還得法院相見。而導致租屋糾紛的主

＊註：「安居鏈」實際上並不存在，是為故事發展需要虛擬的名稱。

要原因，不外乎就是房東、房客之間的資訊不夠透明（所以會遇到假房東、惡房客），以及租屋後的權益保障受到損害。

傳統租屋在簽約時，首先一定要確認雙方身分，除了應出示身分證件之外，房客也務必要求對方出示房屋所有權狀、登記謄本，來確認房東確實是所有權人等等。就算訂立了租賃合約，現實狀況中也發生不少竄改條文訛詐房客的例子。

透過區塊鏈的應用，有以下幾個好處：

第一，是可以驗證用戶的身分，一來不會發生有假房東冒用身分刊登物件，而房客租到來源不明房屋的情形；二來房東也不用擔心房子會租給有重大犯罪前科或信用不好的惡房客。

第二，是能夠確保合約的履行。只要將租賃契約放到區塊鏈上，利用區塊鏈無法編輯修改、具備「可追蹤」的特色，往後要是發生糾紛或誤解時，便可即時追溯。

第三，是可以減少中間人仲介所產生的費用。過去因為人們之間互不信任，所以必須藉由一個中介平臺提高租屋的安全感，但同時也衍生了需要支付服務佣金的代價。一旦把區塊鏈技術運用到租賃房屋的領域，人與人的信任問題就可以被有效

解決，雙方能放心地直接交易。假如進一步結合金流服務，也可以避免房東收不到房租、房客無法拿回押金等狀況。

同樣的概念也可以發揮在旅遊住宿上，屋主或業者在區塊鏈旅遊平臺上張貼出租資訊，即能找到短租房客，縮短溝通聯繫時間，包括訂金和付款等所有交易均經由智慧型合約完成。全程既安全可靠，因自動化而節省的人力成本更可實質回饋給租賃雙方。

⑤ 思考看看還能如何應用

其實最理想的租賃狀態，應該是把區塊鏈、智慧型合約和物聯網三者做結合。舉例來說，A 房客向 B 房東租房子，兩人事先擬定智慧型合約，當 A 轉入款項（租金與押金）到區塊鏈上的公共帳戶時，智慧型合約即啟動，則 B 授權一組金鑰給 A，A 透過金鑰直接開啟房門後，原存放在區塊鏈上的款項再自動轉付到 B 的帳戶裡。

當租約到期，B 確定房子完好後，押金便自動歸還給 A，同時間 A 持有的金鑰也就此失效。相同概念亦可運用在汽車

的租賃，無論是確認身分、支付租金或保險等相關內容，都能
整合在智慧型合約裡，加速作業流程。

💡 我的幣勝創意

看完了這一篇，是否激發你的靈感？快！動手寫下來吧！

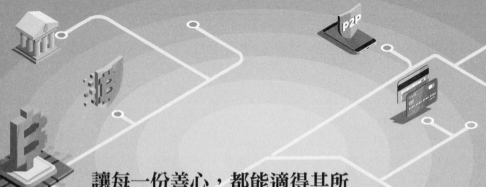

讓每一份善心，都能適得其所

有一份調查指出，曾經捐款的民眾裡，半數以上並不了解自己的愛心被用在哪裡。

要打破流向不明的困境、讓愛心送達真正需要的人手中，善用區塊鏈就能做到！

◇ 區塊鏈出現之前

Blue Monday，一週繁忙的開始，辦公室裡只剩鍵盤「喀！喀！喀！」的操作聲，就連手機震動聲也異常清楚。

是一串曼蒂不認識的號碼：「小姐您好，我們是『超有愛教養院＊』，最近我們院裡在進行義賣，都是可以吃的、用的東西，一份 1000 元幫您宅配到家，請發揮您的愛心，您有筆嗎？請記一下我們的帳號……」

＊註：此名稱乃因應故事發展虛構而來，如有雷同，實屬巧合。

「請問，你們政府核准立案的文號跟辦理勸募活動的公文，可以讓我先看看嗎？」

「嘟……」電話那一頭斷掉了。

曼蒂嘟噥一聲：「誇張耶！以為這樣一通電話就能騙到愛心啊！」

沒想到，原本安靜到令人緊張的辦公室裡，剎那間竟興起一陣熱議。

「現在不知道是景氣不好還是怎樣，這種詐騙案件真的很多。我聽鄰居說他阿嬤默默捐了五年善款，結果有一天，他聽到她講電話時好奇的查了一下，這才發現阿嬤捐款的育幼院根本不存在。」

「這也實在太過分了吧！濫用老人家的愛心。欸！我記得很久一篇報導也說過，921震災捐款好像有將近400億元，但是有100多億都沒用到。拜託，地震那時我才小學，可是把我人生第一筆積蓄都捐出來了，沒想到是這種結果，所以後來我再也不捐錢了。」

🔷 區塊鏈出現之後

「下班了嗎？我剛好在你公司附近，一起吃飯？」螢幕上傳來一則訊息，是史塔克。

兩人碰面後，曼蒂看著對面的史塔克放著美食不吃，自顧自地專注盯著手機：「喂！你約我吃飯，結果自己對著手機傻笑，在看什麼？」邊說邊作勢要搶手機。

史塔克自動奉上：「不用搶，給你看。」

是幾個非洲小孩的照片，笑得一臉燦爛，其中一個還指著後面的房子。「這跟你最近的設計有關嗎？我不懂。」

史塔克拿回手機點了點，再放到曼蒂眼前：「這是我定期捐款的對象。」看見曼蒂一臉驚訝的表情，史塔克解釋，「老實說，以前我不敢捐錢給什麼慈善單位的，因為過程並不是很透明，哪怕只捐一塊錢，也要知道捐到哪裡去，對吧？但是有了區塊鏈以後，我覺得可以放心做點好事了。」

「像這樣，錢直接就能捐給指定的人或單位，不需要再透過銀行或其他機構，而每一次捐贈都會直接記錄在區塊鏈上。還可以透過智慧型合約功能，知道捐助成果，如果發現沒有達

到救助目的，也能取消捐款。剛剛你看到的照片，那幾個孩子就是在謝謝我幫他們修建好他們的家啦！」

✧ 小 M 解析

　　用實際的金錢幫助弱勢或急需救助的人，有很多種方式。但一般人最常運用的捐款方式，都是將善款捐給公益團體、慈善組織，再由他們轉交給受捐對象。這是因為我們相信中介機構能具體將善款交付給受捐者，以及在統籌調度、分配資源上的專業度。

　　但後來往往產生「捐款是否給了真正需要幫助的人」、「捐助款項用到哪裡去」等疑問，更甚者是發現帳目不清、捐款有被濫用或挪作他用的情形。

　　像這樣信任已經面臨動搖、捐款去向不明的狀態，區塊鏈技術正提供了一個解決方案。

　　區塊鏈就像是一本分布式的網路帳本，所有交易必須經由區塊鏈上各個電腦節點的認同，因此捐款人的每一分錢都是公開透明的，將來萬一有任何爭議或不法行為，皆有跡可循。

同樣的，交易毋須透過銀行，不但有助降低成本，受款的用戶亦不必一定要有銀行帳戶才能提領，讓公益捐助得以跨越地區和國境的限制。

一旦過程透明化、資訊可追蹤，即使是過去不具名氣、規模較小的慈善單位，民眾也可以放心捐輸，避免愛心 M 型化、資源過度集中的現象。

關於區塊鏈與公益的結合，這裡再舉個很有意義的實例，聯合國世界糧食計畫（WFP）所推動的「Building Blocks」項目，為在約旦 Azraq 難民營的一萬多名敘利亞難民，提供了人道救援。

他們在以太坊區塊鏈平臺輸入難民資料，讓難民在當地超市採買不需使用現金或任何票券，結帳時只要掃描眼球虹膜、完成身分辨識就能購買到所需用品。

據悉節省了 98％的銀行轉帳費用，更重要的是，這些原本可能連身分證件和居住證明都提不出來的人，都得到應有的救助。

⑤ 思考看看還能如何應用

　　過去在發生規模較大的災害時，可以看到許多因應災難發生臨時組織的資訊平臺，儘管成立單位都非常有心，但個別運作的結果就是，無法達到全面性整合人力與物力的作用，導致經常發生物資分配不均、送錯地方，或是訊息紊亂的狀況。

　　藉由區塊鏈技術的可信賴度，不僅可用於追蹤，也能作為所有非營利組織的募款平臺，用於彙整人力、物資及訊息，讓不同募款專案的救助需求和資金流向攤在陽光底下，還能降低不同組織因個別募款所耗費的人力與時間。

💡 我的幣勝創意

看完了這一篇，是否激發你的靈感？快！動手寫下來吧！

音樂產業新解藥，消弭版權與分潤沉痾

你知道嗎？如果有一位臺灣音樂人創作的歌，要授權給國外電影公司使用時，要經過多少關卡？

在區塊鏈裡，這些流程只需一杯咖啡的時間就能搞定，而且收益還能直接進到創作者口袋裡！

◇ 區塊鏈出現之前

小周末的夜晚，四人在小 P 家的聚會。

曼蒂、蘿拉、史塔克三人到齊後，小 P 神祕兮兮地拿出吉他：「等一下再開飯吧！我創作了一首曲子，想在放到網路平臺之前讓你們聽聽。」

一曲奏畢，史塔克大喊安可，蘿拉一副深受感動的模樣，只有曼蒂臉色怪異，低頭滑手機好像在找些什麼：「小 P，剛剛這首跟這兩天網軍們瘋狂討論的一首歌超像的欸，啊！在這

裡，你看。」

畫面上，一個已經有些過氣的音樂製作人吉米，正坐在一架鋼琴前談談唱唱的，跟小P方才彈奏的根本九成像，手機再往下滑，果然大受網友好評，什麼「簡直神曲」、「昔日金牌製作人復出之作」、「快出專輯吧」等等吹捧都來了。

小P一臉哭喪樣：「怎麼會這樣？我三個月前就做好這首曲子了，當時立刻發布到平臺上，可是三天過後我覺得不夠好，就刪掉了。想說等調整到最佳狀態，給你們聽過後再重新PO上去，這⋯⋯」

史塔克激動不已：「這是抄襲呀！他肯定是先聽了你的。來來來，快找出證據，手稿、影片都可以，告他侵權！」

「但是，那時我就是覺得不夠完美，檔案都刪了⋯⋯」

🔷 區塊鏈出現之後

「我不管你怎麼想啦！總之你出道，我要當經紀人！」曼蒂耍賴似地抓著小P的手臂搖啊搖。前陣子小P創作的曲子發表在一個音樂平臺上，被瘋狂地轉載、打賞。

正埋頭在看一部音樂電影的小 P 按下暫停鍵：「拜託，我就業餘、好玩而已，什麼出道，扯太遠了。」

「可是，很多網友都喜歡你的作品啊！不是還有經紀公司、製作人要找你談合作？」

小 P 不以為然地挑了眉：「那些都太複雜了，我只想開心彈吉他，有靈感時就寫歌譜曲。而且，現在透過在區塊鏈上的登記就能確認著作財產權，利用智慧型合約便可授權給其他人使用，還能自動分配到應有的利潤。更不用說鏈友們只要喜歡按個讚，或是下載、分享出去，我就可以賺到貨幣了，這麼輕鬆簡單，幹嘛自己找麻煩？」

「說的也是，看來我當不成經紀人了，那當飯友總可以吧！還有，上次你說德國樂團買了授權要改編你的歌，都還沒慶祝哩！請客請客！」

☼ 小 M 解析

　　音樂創作在當今的網路世界裡，要將創作分享和傳播出去，與普羅大眾互動是非常容易的事，但若說要得到合理的報酬，卻相對困難許多。區塊鏈能夠做到的，便是確保獨立的創作人可以獲得應有的利益，而且是優先、直接地受益。

　　過去，消費者必須付錢購買唱片、CD 才能享有音樂，而創作者從製作、發行到把作品銷售到市面上，必須經過唱片公司、代理發行、版權公司等等中間人介入，層層分潤後才能得到剩餘報酬，更不用說有些公司所訂立的條款非常不公平，嚴重壓縮音樂人的生存空間。

　　後來當音樂透過電腦、網路分享，甚至複製便能取得時，真正的版權所有人——創作者，特別是那些還在起步、名氣較小的音樂人，所得到的報酬更是微乎其微。

　　那麼，假如我們將區塊鏈技術應用在音樂產業，能發揮什麼效用呢？它所具備「不可竄改」、「永久保存」及「資訊透明化」的特點，可以為在區塊鏈上註冊的歌曲做好版權管理，避免作品上傳網路後被人竊取、盜用。

也就是說，往後音樂人不用再透過唱片公司發行，就可以在這個去中心化的 P2P 平臺上，直接發表作品並銷售給使用者。而搭配智慧型合約和加密貨幣的使用，也不需要再經由經紀公司、發行商簽訂合約，即可自動分配、支付版稅，意即當用戶播放或下載歌曲，費用便直接回饋到創作者身上。

如此大大改善了過往成本太高、授權及分潤流程過於冗長的缺點，同時也能支持創作者製作更好的音樂內容。

⑤ 思考看看還能如何應用

大家在生活當中，是否經常在不同場所使用不一樣的裝置播放音樂呢？比方說，在大眾交通工具時用手機聽、開車時透過汽車音響播放、工作時則是利用電腦輸出……，還有很多音樂愛好者，光是手機就有幾種不同的數位平臺軟體。

要是能將透過區塊鏈取得的音樂內容和所有硬體做結合，打造一個隨時享受合法音樂的智慧型環境，這樣是不是更方便了呢？

我的幣勝創意

看完了這一篇，是否激發你的靈感？快！動手寫下來吧！

翻轉房產市場，買屋賣屋一天搞定

如何不受騙？怎麼用合理價格買到理想房屋？是否得跟仲介業者打交道？

這些最令人煩惱的房事大哉問，交給區塊鏈解答。

◇ 區塊鏈出現之前

「姥姥，祝福您平安如意、健康長壽！」蘿拉說完後，雙手奉上一疊紅包給坐在主位、笑呵呵的長者。

這一天，是外婆八十大壽、家族成員聚餐的日子。滿頭銀髮、精神矍鑠的老人把紅包袋裡的錢抽出，塞回蘿拉手中：「欸！你要存錢買房子，這個心意我收下了！」

結果姥姥的關鍵字——買房子，果然引起了親友們的一陣關注。

首先是大阿姨湊過來：「哇！這麼年輕就能存夠錢買房

子啊！不容易哦！不過自己買房子一定要小心，我同事之前買屋，仲介沒跟他說後面增建的廚房是違建，結果房子成交之後被強制拆除，很麻煩！」

小舅舅跟著附和：「對啊！對啊！你們還記得嗎？幾年前我叫仲介先幫我賣掉舊房子，再買新房，結果他反過來，還沒賣掉就先要我買，搞得我頭期款差點繳不出來……」

話題一發不可收拾，大家紛紛貢獻自己的經驗。聽起來，買賣房屋的糾紛可不是普通多啊！

區塊鏈出現之後

「蘿拉，你這房子真的好棒喔！先說好，什麼時候我來住個幾天？」曼蒂興奮地在房子裡繞來繞去。

雖然只是間小套房，而且往後還有房貸要付，蘿拉仍掩不住內心的喜悅，終於擁有自己的家了：「好啊！沒問題，你高興住多久就住多久。」

「耶！話說回來，現在買房子這麼方便，資訊又那麼透明，還不用付高額的仲介費，我好心動啊！」原本以為一輩子

只能當個無殼蝸牛的曼蒂，最近也開始省吃儉用，認真存錢。

「真的真的！」回想這一路買屋的過程，蘿拉簡直無法相信竟然如此順利，如果沒有親身感受，還真不知道區塊鏈帶來的便利與保障如此強大。

首先是房子的屋齡屋況、所有權明細、中間的買賣紀錄等資訊都一清二楚，平臺上也提供了估價服務，確認原有屋主開價沒有哄抬情形。

而且，因為是和屋主直接交易，絲毫不需房仲業者的介入，所有房屋買賣流程、履約保證、保險和產權登記都在線上完成，不用再另外支付仲介服務和代書費用，可是省下了一大筆費用呢！

❋ 小 M 解析

不久前，美國邁阿密一位屋主出售一間公寓，條件是買主必須支付 33 個比特幣，而且屋主還很堅持不接受比特幣以外的支付方式；同樣在邁阿密，後來又連續完成三件用比特幣交易的房地產買賣。

從這幾個案例來看，屋主顯然是看好比特幣的升值空間與保值特性，不過在這裡我們要談的，是比特幣交易背後的核心技術——區塊鏈。

在傳統買賣房產的過程裡，單單是在款項支付上就有好多手續需要辦理，也要留下紀錄。為了避免發生偽造文書或有賣家詐欺的行為，交易通常會經由公正的第三方協助。

因此，除了買賣雙方，還有各自的不動產經紀業者、辦理所有權移轉登記及相關手續的代書、銀行機構等，無論是所花的人力、時間成本都較高，而中間所衍生的費用當然也都轉嫁到消費者身上了。

我們在很多案例裡也看到，即使有第三方的介入，在實務上還是充斥許多人為錯誤或詐騙的情況。另一個問題就是資訊的不對等，由於這些仲介機構幾乎掌握了大部分的交易訊息，在選擇性地揭露或刻意營造的情境下，往往也造成不少誤會與糾紛。

如果我們能藉助區塊鏈的技術，不但能清楚呈現買賣合約、產權資料，查詢、溯源更為方便，且它分散式的設計被駭

客竄改紀錄的機率微乎其微（若是記錄在政府或機構的單一系統上，被入侵修改的可能性就很高了）。在去除中間人後，也能大幅縮短房產交易流程、減少人為風險。

⑤ 思考看看還能如何應用

在房地產的運用裡，除了雙方的交易行為之外，未來與此相關的抵押貸款也能在區塊鏈上進行，甚至將產權自動登錄到地政與稅務機關中。而與購屋相當類似、需要仲介和擔保機構參與的汽車買賣行為，當然也可以導入區塊鏈技術。

這樣一來，以上商業應用發展要能更好地保障消費大眾，實名制的管理方式，以及把智慧型合約編入法律條文或適切的監管措施，便不可或缺了。

我的幣勝創意

看完了這一篇，是否激發你的靈感？快！動手寫下來吧！

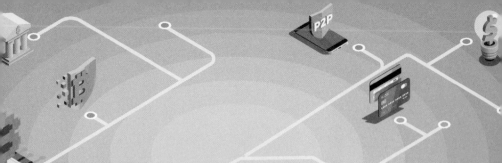

引入區塊鏈，不怕身分再被盜

就算出示證件，就能 100%證明「我」是「我」嗎？

進入區塊鏈時代，不需繁瑣手續，也不用隨身帶證件，身分是真是假，一查就能知道。

◇ 區塊鏈出現之前

「小姐，這是不是你的皮夾？剛剛掉在桌子底下。」正準備走出餐廳大門時，曼蒂被服務生叫住。

「啊！對耶，謝謝！謝謝！」曼蒂還在慶幸錢跟證件還好都完好無缺時，發現小 P 瞪著她看，不好意思地吐了吐舌頭。

「你要小心一點啦！我叔叔這幾天才剛忙完房子被法院查封的事，就是因為他一年多前掉了錢包跟證件。」

曼蒂不敢置信：「錢包掉了，跟查封房子什麼關係？」

「我們也覺得很誇張！他在遺失的第二天馬上掛失，也

補辦了新的身分證，結果那個撿到身分證的人，把我叔叔當作職務擔保人，後來又盜用公司公款跑了。那家公司就找上我叔叔，叔叔一開始跟他們說他不認識債務人，也從沒幫人做保過，但那家公司不信，沒多少房子就被查封，幸好現在都處理好了。」

講到身分證，曼蒂突然想到：「之前我有個同事的身分證影本也被人拿去變造成另一張新的身分證，那個人不但用假身分找工作，還辦了手機、跟人借錢，一直到被追討電信費跟借款後才知道。這樣一來，就算有證件，我們還是沒辦法確保自己的身分不會被冒用，對吧？」

區塊鏈出現之後

呼！終於結束冗長的會議，曼蒂回到自己的座位上，感覺如釋重負。

「欸欸，曼蒂。」一旁的同事Lily一副要講悄悄話的樣子，曼蒂於是側耳靠過去，「你不覺得很奇怪嗎？新來的行銷經理都來兩個月了，怎麼每次開會都狀況外，人家講東她講西，她

真的是麻省理工學院畢業的嗎？」

這樣說起來，曼蒂的確也感覺不太對勁，偏偏她還知道公司可是用了超高薪聘請那位經理來的。但是不管是談吐、決策、應對進退，好像都沒有達到應有的水準，真的很可疑。

「沒關係，這只要請求授權、到區塊鏈履歷驗證平臺上一查就知道了。」

總經理室裡，年輕的人資助理在主管陪同下，低著頭、臉脹紅地猛道歉：「是我的疏忽，真的很對不起，我那時候忘記到平臺上去做查證了……」

大家萬萬沒想到，原來那漂亮的學歷竟是捏造出來的，還有亮眼的工作經驗也都是假話。

✿ 小 M 解析

每當在不同銀行開戶，就必須填寫各種資料表單，再加上確認身分，搭配簽名或蓋章，甚至還要照相存證；參加重大考試，也要憑著身分證或護照正本才能應試；住宿飯店、辦理結婚登記、搭乘飛機……等等，也都需要提出證明文件來查驗身

分是否真實。

有了區塊鏈技術之後呢？往後人們就不需要身分證和戶口名簿的存在，就能認證身分了。屆時所有跟我們個人相關的資訊，舉凡出生、學歷、遷徙、結婚、護照都能寫到一個集中管理的區塊鏈裡，每當需要驗證的時候，只需要透過授權，在網路上就能查閱到，不再需要到傳統的中央機構裡，節省許多人工查驗及紙本作業的成本，更能有效防止個人身分被盜用。

特別是過去曾有人利用已往生者的身分招搖撞騙，若將區塊鏈運用在這上面，則無論人在國內或海外、是生是死或有無行為能力等，都可以有效且快速的證明。

除了金融交易之外，藉由區塊鏈進行身分識別的功能，選舉投票也能更有效率。過去我們投票時必須帶著身分證、印章到場，還得經過多道人工驗證，確認是本人才能投票。若是經由系統即時驗證投票者的身分，就能在網路上進行匿名且無法被竄改的選舉行為。由於區塊鏈具有防止貨幣雙重消費的功能，因此也可以確保沒有重複投票的情況，並且能完成追蹤和計票。

另外，身在民主先進國家的我們可能無法體會，這世界上還有很多人是隨著政府垮臺或戰亂等變動便失去了身分。要是有了這項技術，對於顛沛流離的難民來說，無論在何處都能快速地透過身分的確認，獲得各種協助或醫療資源等。

　　再舉個跟身分識別有關的例子，位於東歐的摩爾多瓦，因為販賣兒童的情況十分嚴重，一家區塊鏈軟體技術公司便幫助當地政府，為孩童建立安全的數位身分。當孩子必須出境時，必須在掃描其雙眼或指紋，同時至少需有監護人確認後才能核准，這也成為區塊鏈用在防範人口販賣領域的全球首例。

⑤ 思考看看還能如何應用

　　區塊鏈可以為人類驗明正身，用在貓貓狗狗身上一樣可行！現在我們使用傳統登錄資訊的方式，由於在修改上並不具難度，因此真假難辨。如果是藉由賦予寵物數位身分的區塊鏈技術，便能夠確實提供飼主貓狗從出生、施打疫苗、醫療、交易等多項資訊，特別是在購買跟配種過程中最令飼主關心的品種訊息，都能往上溯源、完全透明。

💡 我的幣勝創意

看完了這一篇，是否激發你的靈感？快！動手寫下來吧！

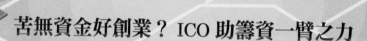

苦無資金好創業？ICO 助籌資一臂之力

有好想法、好產品和滿腔熱情，卻因缺乏創業資金而裹足不前？首次代幣發行，為所有想要一圓創業夢的人，找到一線曙光！

◇ 區塊鏈出現之前

曼蒂心想，這老天爺肯定要下紅雨了！平常總是習慣睡到中午才起床的史塔克，竟然約了大夥兒一起到他家共進早餐。

「什麼嘛！我們還以為你要自己做早餐給我們吃，結果是現成的喔？」看著餐桌上裝在紙盒裡的早餐，小 P 首先發難，「不過，這看起來也太美味了吧！」

史塔克雙手一攤：「你們知道我連煎蛋都有問題，怎麼可能自己做，快趁熱吃吧！」

看著三人津津有味地一掃而空：「欸，老實說，你們覺得

怎樣？」

　　雖然不懂他為何這樣問，但蘿拉還是誠懇評論：「料很實在味道也很好，是哪家新開的早餐店呀？」

　　史塔克解釋：「這是我樓下鄰居自己做的。她從學生時代就半工半讀幫家裡處理債務問題，好不容易現在還清了，想自己開間早午餐店或弄一臺餐車，但身上根本沒積蓄需要貸款，又因為以前償還就學貸款時曾經有遲繳紀錄，銀行就以信用不良的理由拒絕貸款。」

　　「聽起來好令人難過，政府不是有一些補助可以申請？」

　　「她說現在沒有適合的項目，而且程序很複雜。我是想問大家，有沒有興趣投資她開店……」

區塊鏈出現之後

　　曼蒂看著眼前一一端上桌，超豐盛的隱藏版早午餐：「不得不說，你真的是我們幾個人裡面，最有老闆命的人耶！」

　　史塔克因為和鄰居一起投入早餐幣 ICO 發行計畫，成功募集到足夠的開店資金，開業後大獲好評，短短幾個月內又迅

速展店，現在除了原本的工作外，同時身兼其中一家早午餐店的管理。

剛忙完的史塔克這時才有空坐下來：「你們的投資眼光也很不錯啊！用只花了 50 塊的『早餐幣』就能換到兩倍價格的餐點。」

蘿拉點頭如搗蒜：「那時也只是單純想，不管怎樣每天都要吃早餐，就當作預付吧！現在才知道真的很超值！」

記得當時早餐店的宣傳影片和創業白皮書裡說到，要用 20 天發行 1 萬枚早餐幣，每一枚早餐幣售價相當於臺幣 50 元，未來可以用早餐幣換到特製餐。為了保障消費者權益，智慧型合約還註明了這份特製餐未來開店後不會再販售，只會保留給當時有購買早餐幣的人享用。

「而且，最近加密貨幣交易所裡好多人都在問，誰願意釋出早餐幣呢！早知道那時候應該多買一點的。」

☼ 小 M 解析

跟一般公司在上市上櫃後初次發行股票募集資金的 IPO 一樣，首次代幣發行 ICO（Initial Coin Offering, ICO，又稱首次代幣眾籌）也是一種公開發行，只不過其發行的標的物不是證券，而是加密貨幣，這也成為許多國外新創公司募資的主要方式。

ICO 備受青睞的原因，主要是「去中間化」的特點，它不像 IPO 的上市需要繁瑣流程，以及機構的監管，並且貨幣本身還可和其他國家的貨幣自由交換，具有高度的流通性。

以故事中的創業例子來說，過去想開一間實體店面，必定得先花錢租下店面、購買原物料和設備，或許還得聘請工作人員，接著就是等待顧客上門。若是透過 ICO 發行代幣，只要能達到募資標準（籌到資金），就能先有錢再開店了。

以目前群眾募資的現況而言，則是要提案者必須先有產品或概念，再以預購方式募到一定款項來執行，其支持群眾最後獲得的好處只是提早購買到提案內容。但選擇用 ICO 方式募資，不僅可以購買提案者所衍生的一切創作物或服務，也能留

作日後增值。

這種企業發行自己貨幣的方式,大家不妨想像成「禮券」的概念,企業方預收款項,有了資金也代表有著更多操作的可能;至於消費者則不會再面臨過去經常發生的遺失、忘記使用或禮券無法兌現等問題,一旦未來有更多消費者產生貨幣需求時,自然就有了增值的空間。

也就是說,貨幣運用的範圍變得更廣泛,它既能取得實體商品或服務的使用權,也可被當成股份或紅利點數。

再舉個實例,「漢堡王」在俄羅斯發行了「華堡幣」(Whoppercoin),每當顧客消費 1 盧布便可賺到 1 個華堡幣,累積到 1,700 個華堡幣時,可換一份華堡。

看起來是不是跟一般用紅利點數換贈品的方式很像?但其中有個最大的不同,就是用戶在交易「華堡幣」的平臺上可以進行 P2P 的交易,自由轉讓或換成其他資產。而首次代幣眾籌在由共識機制構成的區塊鏈底下運作時,便可避免資料被修改,以及數位貨幣重複支付的問題。

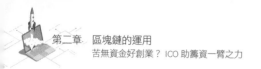
⑤ 思考看看還能如何應用

除了公司企業和組織，我期許未來人人也都能用 ICO 方式進行眾籌、發行貨幣，無論是藉由一個作品、商品、音樂、影片，或甚至只是一個改變現狀的好想法，來活化我們現有的商業環境。

比方說，將來我若成功得到一部分群眾的募資支持，發行了小 M 幣，持有小 M 幣的人可以拿來買我的出版品、兌換課程、預約諮詢，也可以繼續留著等待升值，或是透過幣幣交易（例如用 1000 顆小 M 幣交換一個以太幣）的方式，提高資產間的流動程度。

💡 我的幣勝創意

看完了這一篇，是否激發你的靈感？快！動手寫下來吧！

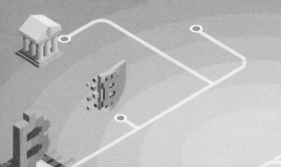

最有效力契約，解決遺產糾紛

　　人生在世，有大大小小的合約要簽署，身後同樣也有最後一份合約需要實現。

　　打造一份具有約束力的未來契約，讓區塊鏈及智慧型合約為遺囑立約、保管、執行一一把關，將人為因素造成的不便降到最低！

◇ 區塊鏈出現之前

　　「怎樣，家裡的事應該都忙完了吧？想說找你出來透透氣。」曼蒂看著小 P，很能理解他前陣子爺爺過世的心情。

　　小 P 點點頭：「算是圓滿啦！但現在又為了遺囑的事，搞得人仰馬翻！」

　　「是怎麼了？呃……家人爭產嗎？」回想幾年前家族曾發生有人變造遺囑，親戚之間為了爭奪遺產打官司的過往，曼蒂

無法不自然地聯想到這上面來。

「這倒還好，遺囑算是寫得滿清楚，長輩們也沒有異議，主要是一開始連遺囑都找不到。」

小 P 接著說：「我爺爺很早之前就立好遺囑了，等辦完後事大伯父召開家族會議，想問清楚爺爺當時把遺囑交付給誰，這才發現，在場竟沒有一個人知道遺囑的下落！大家各自以為爺爺既然事先都寫好遺囑了，一定有交代給某個兒子或女兒，哪知道最重要的卻忘了講，現在大人們都很傷腦筋。」

這，人都不在了，該問誰呢？曼蒂靈光一閃：「咦？你爺爺生前不是有請看護照顧，有問過嗎？說不定有看過。」

沉默了三秒後，小 P 急忙站起來：「改天聊，我先回家一趟！」

🧊 區塊鏈出現之後

手提一盒蛋糕，小 P 來到曼蒂家：「嗨！這點心是我爸媽堅持說要送你的。」

曼蒂一手接過一邊說：「幹嘛這麼客氣！待會兒切開，我

們一起吃。」

「他們說一定要謝謝你，真是想都沒想到，遺囑居然是讓一個外人給找出來的。還有啊！更不可思議的在後面……」小P故作神祕，不講話了。

曼蒂瞅著他：「別賣關子了，快告訴恩人我吧！」

「當大家打開遺書時，上面居然寫著，所有遺產分配都放在一個區塊鏈平臺上了，遺書裡提示一組授權數據，讓伯父把他往生的訊息寫入區塊鏈裡，接下來智慧型合約就會自動執行，把爺爺事先設定好的內容一一納入每個子孫的名下。」

「哇！你爺爺也太先進了吧！喏！咖啡給你！」

「謝啦！而且包括遺產稅和贈與稅，他也都設定先從財產扣除以後才進行移轉，省了很多麻煩，大家都不得不佩服他思考真的很周詳。當然，遺囑躲貓貓那段就甭提了……」

✦ 小M解析

遺囑是非常特殊的一種合約，因為上面登載所要執行的內容，已經無法跟當事人確認。也因此，大部分和遺囑有關的糾

紛和訴訟，無非都和遺囑真偽相關。關於遺囑的保管，在現行狀況下也是一大問題，若是本人留存，有可能發生類似故事裡無法被發現，或甚至遺失的情況，要是交由子孫保管，往往又會發生是否曾被修改等信任爭議。

依據我國民法規定，遺囑有自書、公證、密封、代筆及口授共五種方式，若要以爭議最少、最為簡便的應屬自書遺囑認證，也就是立遺囑人本人攜帶所需文件到公證處所，中間無需任何見證人，即具有證據效果。

若以此方式為例，除了當事者親筆撰寫、簽名的遺囑外，還要檢附身分證明，以及房屋或土地權狀、存摺、定存單等等財產權利證明文件，還必須提供可以查看法定繼承人有誰的戶籍謄本，最後要按比例給予公證處認證的費用。而以上流程都是為了確保遺囑的真實性和法律效力，並防止篡改。

假如我們把個人存款、房產和親屬關係證明文件、繼承系統表等相關資料，都放到一個可以查核且加密的區塊鏈系統裡，便等於為往後遺囑的執行建立了一個最完整且具可信度的資料庫。搭配事先編寫好的智慧型合約，載明誰可以得到多少

遺產。當確認「立遺囑人已死亡」的觸發條件後，合約便開始自動依照當時擬定的財產內容，按比例分配給受益人。

在上述所有過程裡，不需要任何公證人、執行人或司法機構的介入，合約即能準確、嚴謹地去執行原本所要做的事情，不因人為干預產生任意翻盤的狀況，這就是智慧型合約強大之處。不過，如何賦予區塊鏈遺囑法律效力，當事人修改內容能否更便利（以防臨時反悔），是不是能結合戶政單位的死亡登記做核對驗證，都會是未來發展技術時應有的考量。

⑤ 思考看看還能如何應用

儘管區塊鏈的出現可以解決當今許多不方便與糾紛，但不可避免地當然也會衍生出其他問題。因此，區塊鏈遺囑平臺除了個人資料庫的連結，以及遺囑的訂立、保管和執行之外，也應具備法律諮詢功能，或一旦發生爭議時可供調解的管道。

假如能如同上述所說和戶政單位連線，或甚至自醫院在鏈上開立死亡證明書開始，便直接連到戶政機構再啟動智慧型合約，那就更理想了。

💡 我的幣勝創意

看完了這一篇，是否激發你的靈感？快！動手寫下來吧！

杜絕贋品，打造藝術收藏區塊鏈

　　曾聽一位有收藏愛好的朋友說，吃虧上當是必經之路。真是這樣嗎？

　　想要運用自己的眼光和品味賺一筆錢，一個可溯源的可靠平臺，真的很重要！

◇ 區塊鏈出現之前

　　「太棒了，人生第一個名牌包，終於到手！」收下拜託史塔克從國外幫忙代買的名牌包，蘿拉喜孜孜地問：「怎麼樣？快跟我們說說這次旅遊有沒有豔遇啊？」

　　誰知不說還好，一講到這裡，史塔克臉色立變：「什麼豔遇啊！超倒楣的。我這次行程特別安排去看一個義大利藝術家的展覽，你們知道有多瞎嗎？展出的作品裡面，據說有很多是假貨，為了配合檢調單位調查，展覽還提早結束了。我是有看

到展啦！但一想到展出內容可能是贗品，心情就很差。」

「天啊！這也太扯了，那不管有沒有看到展，都可以要求退門票錢吧？一張票應該不便宜吧！」

本來靜靜聽著的小 P 也說話了：「這真的很讓人掃興。話說我有個朋友最近才虧得多呢！她一直很想投資藝術品，興沖沖的研究了老半天，最後在線上拍賣平臺買到兩件大師級的雕塑品，最近也被踢爆可能是複製品咧！」

區塊鏈出現之後

「蘿拉怎麼啦？連最會遲到的史塔克都來了，她還沒到，要不要問問？」小 P 催促著曼蒂，一旁的史塔克只能苦笑。

曼蒂往手機看了一眼，畫面剛好也跳出訊息：「她說她在路上，快到了。她最近一有空就往畫廊跑，現在應該也是從那邊趕來的。」

「她什麼時候變得這麼有藝術氣息啊？」就在小 P 好奇時，蘿拉也到了，「欸！聽說你要當藝術家啦？」

搞清楚小 P 為何這樣問之後，蘿拉解釋：「其實我本來

是想買幾幅畫裝飾新家，後來就想說如果當作投資，那也不錯，所以就去畫廊做做功課啦！」

「投資藝術，你不怕被騙？」「小心到時候辛苦賺來的錢，買到的都是假貨！」小 P 和史塔克兩人忍不住為她擔心。

「放心放心！你們很落伍耶！不知道有一個很可靠的藝術區塊鏈平臺嗎？畫廊只是我蒐集資訊的其中一個管道，有了目標以後上到區塊鏈一查，藝術家的畫齡、學經歷跟創作量，還有畫作的資料、交易紀錄和鑑定證書都無所遁逃。就算像我這樣只有很基本的藝術知識又沒有鑑別能力的一般人，都不用怕的。」

☸ 小 M 解析

將區塊鏈技術導入藝術品交易的作法，在國外已是如火如荼的進行式，例如好萊塢電影巨星李奧納多參與投資的「Magnus」，就是藉由掃描技術辨識出該件藝術品的創作者、畫廊售價和拍賣價格，以及作品在各地的展出紀錄等。

此外，像是 Bit2Art.com 則推出一個利用比特幣進行藝術

品交易的數位平臺；而藝術區塊鏈平臺「Maecenas Fine Art」舉行包括安迪沃荷作品在內的拍賣會，是透過以太坊區塊鏈上的智慧型合約決定最後價格，並接受比特幣、以太幣與 Maecenas 平臺加密貨幣 ART 的支付方式。

試想，假如今天我們來到一間小藝廊裡，看到一件價格極高的名師之作，即便藝廊提供了真品證書，會不會還是對證書的真假產生懷疑？

藝術交易市場長久以來，一直有著作品真偽辨別和價格不夠透明的問題，導致許多入門者因為不懂、不了解而裹足不前，更有多初入收藏領域的新手們買到贗品，還沒賺到錢，就先繳了一大筆學費。

要是我們能運用區塊鏈的技術，那麼每件藝術作品便可擁有一組特定的、有如加密貨幣錢包位址的識別碼，並完整記錄與此作品有關的所有訊息，而且是公開、無法竄改的。如此一來，收藏者在獲取藝術資訊時有憑有據，也會更輕鬆省時。

至於藝廊或拍賣公司使用智慧型合約辦理拍賣時，既可簡化拍賣競價的過程，也能打破地域限制，競標者無論在世界哪

一個角落都能參與。此外，當然也能夠發揮版權保護的作用。

　　儘管先前提到區塊鏈具有去中心化的特色，不過針對某些作品是否為真跡、一開始登錄的資料是否正確，還是需要第三方的確認，才能讓這個區塊鏈產生公信力。

⑤ 思考看看還能如何應用

　　類似像藝術平臺的區塊鏈，用來記錄高價品來源、交易歷史及經手者等訊息，最有名的就屬「Everledger」了。Everledger是一個鑽石供應的區塊鏈，將鑽石從礦場開採到市場販售的相關資料，合併在安全的資料庫裡，確保每顆鑽石的出處和可追溯性，包括船運、航運等的輸出入資訊也都能被詳實地記錄下來，透過追蹤降低詐保的可能性。

　　所以說，未來像是名牌包、運動鞋或其他具有收藏價值的產品，也都能利用區塊鏈技術來協助驗證了。

💡 我的幣勝創意

看完了這一篇，是否激發你的靈感？快！動手寫下來吧！

邊玩邊賺錢，區塊鏈遊戲讓點數變現

　　以前只聽過玩遊戲要花錢，真的有邊打 game 還能賺錢的方式嗎？

　　拜區塊鏈技術之賜，玩家從此可把代幣、點數變資產，自由交易和移轉，盡情享受遊戲樂趣！

◇ 區塊鏈出現之前

　　好不容易，終於把老是喜歡宅在家的小 P 約出來了，看著小 P 越來越接近，曼蒂眼尖注意到，「唷！小 P，你換新手機啦？」她興奮地瞧了瞧，「還是最新款的耶！這不是很貴嗎？快說，是中樂透啦？」

　　「嘿嘿！我自己是沒花半毛錢啦！倒是朋友花了不少。」

　　這人真討厭，都講些讓人聽不懂的話，曼蒂不耐煩地問：「到底是怎麼回事？一次說完好不好。」

「這手機是朋友送的，他以前很迷一個麻將線上遊戲，總是殺進殺出的，結果前幾天那間公司說營運不善，要結束遊戲了，通知我那個朋友領了幾支手機回來……」

「哇！那公司還滿有良心的，這樣有賺到？」

「賺什麼呀！他這幾年在這遊戲上可是花了少說幾十萬元買點數，最後買的幾萬塊點數都沒還用到！」

曼蒂慶幸自己最多只玩一些免費的小遊戲，偶爾打發時間而已：「所以說這些線上遊戲賺點數什麼的，都是一場空啊！還好你之前想通都不玩了。」

小P忍不住哀號：「沒了遊戲的人生，還真無聊啊！」

🔗 區塊鏈出現之後

蘿拉和曼蒂熱烈地聊著，同時間發現兩位男子從進門開始就沒說幾句話，一直緊盯著手機。蘿拉用手指敲了敲桌面：「喂！你們兩個，既然都出來了還老看手機，有那麼忙嗎？」

不小心瞄到小P手機畫面的曼蒂驚呼：「寵物養成？我不知道你居然也喜歡這一類的遊戲耶！等等，你不是說你從遊

戲界退出了？」

　　還沒等到小 P 回答，湊到小 P 身旁的史塔克突然露出欣喜的表情：「咦？你也在玩這個呀！最近那隻貓的價錢真的很誇張……」還沒說完便轉向曼蒂正色道，「這不是普通的寵物遊戲，每隻貓咪在這裡都是獨一無二的，而且還可以兩兩配對，生出新貓咪，然後……」

　　曼蒂不等他說完便說：「那又怎樣了，還不是假的！」

　　「才不是，不一樣喔！這些貓等於是收藏啊！會一直存在區塊鏈上，不會因為遊戲公司倒閉就不見。更棒的是，這些寵物還可以買賣，如果養出比較稀有或特殊的貓咪，就可以賣出好價錢。之前有隻小貓最後用了 246 顆以太幣成交，那可是等同於 340 萬臺幣呢！」

✧ 小 M 解析

　　「CryptoKitties 以太貓」是全球第一個因區塊鏈技術發展而來的遊戲，每一隻貓咪都有其專屬的程式編號，所以每個用戶都可以創造出跟別人不一樣、具有獨特外觀特徵和屬性的虛

擬貓咪。而這款遊戲就跟養一隻真正的貓兒一樣，可以孵育、配種生育，還能使用以太坊區塊鏈的「以太幣」和其他用戶自由地交易。更重要的是，所有買賣情況都是公開的紀錄，用戶們都能夠看到。

相信現在大家都知道，區塊鏈是一個「去中心化」的技術平臺，應用在遊戲方面，也就說它不再是把資料存儲在個別的線上遊戲平臺裡，並且金流在不受管制的情況下仍能維持透明。它保存了遊戲世界裡進行儲值、兌換、交易的行為，以及帳戶所剩餘額等訊息，當用戶必須產生交易行為時，不用再花精力去查證對方是否有能力支付。

從「工作量證明」（proof of work）的角度來看，遊戲玩家們在某款遊戲上畢竟也花費不少時間、精神或金錢，難道不能轉換成有價的形式？特別是當遊戲公司宣布關門大吉時，以前所投入的一切至少不會化為烏有。

舉休閒類遊戲為例，過去都必須向遊戲公司以現金購買點數，就算贏到了虛擬幣也只能換成點數或禮品，無法兌換現金。但如果是應用了區塊鏈的技術，在贏得點數後，用戶可以

將點數換成以太幣，需要再將之換成法幣的話，也可透過交易所兌換。

搭配智慧型合約的設計，更可以達到流程透明化的作用，避免作弊或耍賴，也能一改過去線上平臺無法實際管理交易內容是否履行的缺失。

再者，藉由幣幣交換的過程，也能讓不同的區塊鏈遊戲平臺彼此互通，如此一來，經由遊戲所產生的經濟支配權是掌握在用戶手裡的，不再像過去是被單一的服務商所壟斷。

⑤ 思考看看還能如何應用

現在我們滿街都可以看到夾娃娃店，要是換成放在區塊鏈上，會是怎樣呢？以傳統店鋪經營而言，必須是客人經過特定的點才有生意可做，所以業者就必須要租下很多店面。

當結合代幣機制和電子錢包，變成 APP 軟體以後，人人手機一點就能使用，那麼業者做的便是全世界的生意了。對於個人用戶來說，可以安心享受遠端操控的選物體驗，適當抒發壓力，所獲得的獎品也可以再換成比特幣。

💡 我的幣勝創意

　看完了這一篇，是否激發你的靈感？快！動手寫下來吧！

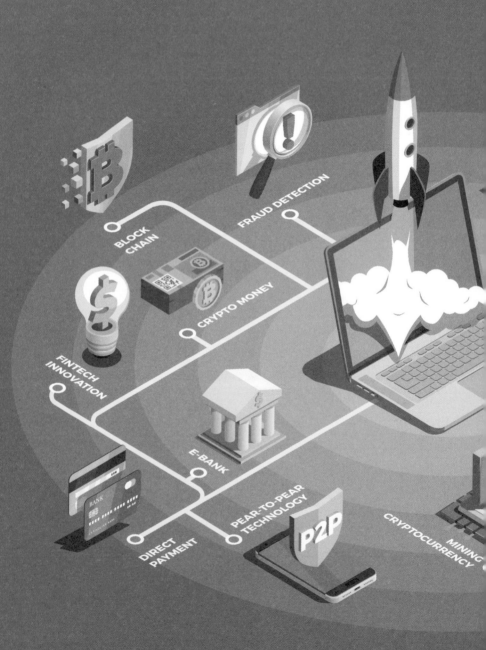

第三章　數位貨幣淘金術

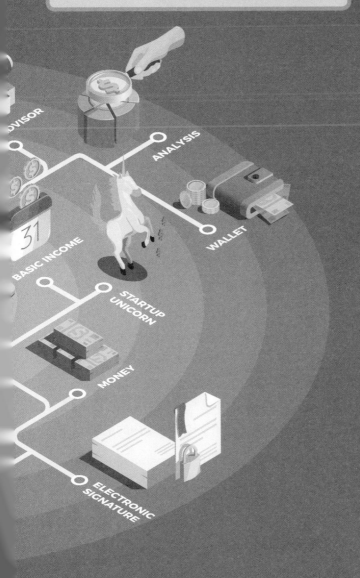

挖礦太耗電！其實節能可以這樣做

　　某次聚會上，幾個剛接觸幣圈的朋友談論著。

　　「欸欸，你知道嗎？版上有人說，有大學生在學校研究室裡挖礦耶！」

　　「這也沒什麼稀奇，不是也有上班族在辦公室裡挖嗎？」

　　「問題是跑得動、挖得到嗎？不划算吧？」

　　這時，一個對區塊鏈和數位貨幣完全沒概念的人說話了：「挖礦，為什麼辦公室跟學校會有礦物可以挖呢？你們說的是寶石還是煤礦嗎？」

　　「都不是啦！是開採比特幣的意思，要用電腦或特製的礦機，去進行密碼學難題的運算啦！」

　　先前網路上盛傳，某國立大學學生為了獲得比特幣，但又想省下電費，於是公器私用，利用學校研究室內的電腦，24小時開機挖礦，導致電費暴漲。前陣子還有一則新聞，報導嘉

義縣東石鄉一位黃姓男子，前年在魚塭旁架設挖礦機房且竊電被查獲，不久前才被判刑。沒想到地檢署又接獲他疑似偷電的線報，到住家一查，果然發現黃男為了降低高達 800 臺挖礦機龐大的電費支出，竟私自找了工人更改電表，初步預估一年多來竊電達 7,000 萬元。而在世界其他國家，偷電挖礦的案例亦層出不窮。

◎ 挖礦為什麼如此耗能？

　　數位貨幣熱潮席捲全球，尤其是被視為黃金的比特幣，又因獲取難度較高，因此吸引許多人趨之若鶩爭相投入挖礦。到底什麼是挖礦？為什麼大家都在瘋？

　　想要獲得比特幣，最直接快速的方法就是用金錢（法幣）購買，首先要在網路上建立一個可以儲存貨幣的電子錢包，等到註冊認證完成後就能開始交易。不過因為比特幣價格昂貴，如果不想用金錢購買的話，就必須透過挖礦的方式了。

　　我們說區塊鏈是一個分散式的帳本，是藉由一個個網路節點進行數據的儲存、驗證和傳遞的技術，而「挖礦」正是一個

「記帳」的過程。

　　比特幣系統為了確保交易的正確性，每一筆交易都會產生一個需要驗算數學題的區塊，這時「礦工」們便透過電腦運算解題，誰先解題成功，誰就獲得記帳權，並按照每個礦工的工作證明結果，將產生的比特幣作為工資、獎勵。也就是出於這樣的工作量證明機制，使得比特幣帳本因而有無法被任意篡改的特色。

　　意即，這些幫忙驗算、解題的行為就是「挖礦」，而購買電腦或是機器設備協助挖礦的人稱為「礦工」。因為是透過工作證明來分配貨幣，所以挖礦時間越長、電腦性能越強，也能獲得較多比特幣。

　　這也就是為什麼挖礦通常都要讓主機 24 小時運作，耗電量非常大的原因了。尤其是發行量僅 2,100 萬顆的比特幣，預計在 2140 年時就會被開採完畢，隨著挖礦的人越來越多，剩下的幣卻越來越少，競爭的激烈便可想而知了。

© 尋找特殊的用電來源

想要從這一個相當耗能驗證過程中獲得比特幣的人，其實不妨想想有什麼正當途徑可以降低挖礦費用，像是運用其他的供電來源。

近來，全球熱門的挖礦聖地——冰島，受到礦工歡迎的原因，就是它豐富的可再生能源，其地熱和水力發電能源都能讓電價便宜許多。

至於一般人可以考慮具有可持續性的綠色能源——太陽能，如果你剛好有一塊閒置空地或一大片屋頂，只要加裝太陽能板就能「種電」，用來挖礦。而現在政府為鼓勵大家利用可再生能源，也推出相關的補助辦法，若有產出多餘電力還能賣給臺電，又可保護環境，一舉數得。

說到推廣太陽能發電，就要提到在 2014 年成立的美國 Solar Coin 基金會，為鼓勵大家鼓勵使用太陽能、減少二氧化碳的排放，發行了以區塊鏈技術為基礎的「Solarcoin」（太陽幣）。當用戶使用自家的太陽能每發 1000 瓩小時的電，便能獲得一枚太陽幣。

由於這是在公共區塊鏈上發行的，所以用戶可以彼此交換太陽幣，屋主也可透過貨幣形式，將產出的太陽能賣給左鄰右舍，當然更可以在數位貨幣交易所換成比特幣、美元或歐元。要是太陽能電用不完，或許可以考慮一下太陽幣的投資。

勤於搬磚，穩穩創造安全獲利

　　每次開課，多多少少都會碰到朋友、家人，甚至夫妻一起來聽課的狀況。

　　有一位同在幣圈打滾的學員，另一半前陣子第一次來上課，趁著下課時間衝過來問：「小 M 老師，請教一下，為什麼我每次靠過去看老公的電腦螢幕，都開著一堆看起來差不多的畫面，就一堆數字啊！經常看著看著就睡著了，每次問他，都跟我說正在賺錢，到底真的假的？」

　　「噢，他是在搬磚啦！」

　　「蛤？搬磚，搬什麼磚？」

　　「這是幣圈的術語，意思是利用加密貨幣的價差來獲取盈利的一種方式，我們會在不同的地方搬來搬去，所以又叫做『搬磚』。」

　　過去，所謂搬磚，是指建築工人把磚頭從甲地搬到乙地，

藉此賺取工資。在數位貨幣的世界裡，「搬磚」挪動的則是數位貨幣，運用不同交易所產生的價格差距，因而獲得利潤的過程。由於是純粹把貨幣在兩個不同地方移來移去，動作既不複雜而且都是重複的，所以才會有此稱呼。

© **如何搬磚賺價差**

　　因為交易所取得貨幣的來源不同，或因為用戶數量不同，或者其他因素導致行情受到影響，所以同一幣種在不同的交易平臺之間是會存在價差的，甚至有些價格差距還挺大的。其基本原則是在單價較低的交易所買進加密貨幣，然後同一時間在單價較高的交易所賣，即可賺取當中差價。

　　以比特幣進行搬磚為例：

　　在 A 交易平臺上，1BTC（比特幣）價格是 7,000USD（美元），B 交易平臺，1BTC 價格是 6,500USD。

　　步驟是先將法幣（臺幣或美元）儲值到 B 平臺、買入比特幣，再從 B 平臺提出比特幣儲值到 A 平臺，接著把 A 平臺的比特幣賣掉變現，即可立刻賺取利潤。

或是，我們用以太幣和比特幣來說明：

假設在 C 平臺 1ETH（以太幣）等於 0.05BTC，D 平臺 1ETH 是 0.04BTC，這時在 D 平臺買入以太幣，再於 C 平臺賣出同樣數量的以太幣，如此一來，錢包裡持有的貨幣總量並沒有改變，但實際上錢是增加的。

可以發現，不同的交易平臺必定得具備一個前提，即支持同一幣種交易，平臺之間要能相互轉換貨幣。而在搬磚之前要做的功課，自然便是注意價格的波動，並且準確掌握價差訊息，這也是為什麼案例中的學員得要緊盯著不同交易所價格的原因了。

Ⓒ 搬磚獲利要注意什麼？

由於搬磚是在自己的電子錢包裡進行轉移，所以比較不用擔心有詐騙的狀況發生，只要注意以下幾個重點，基本上就不會有什麼風險。

1. 貨幣的買賣、轉換是有手續費存在的，如果是跨國平臺，還涉及了法幣兌換的匯率問題，所以除了注意不

同平臺上的相同幣種價格誰高誰低之外，也要看清楚每個平臺的手續費，計算價差必須達到多少才能真正獲利。

2. 有時候平臺會出現提存貨幣時間過長的情況，有可能是平臺的技術發展還不夠承受，或是交易量太少。但加密貨幣的價格是每時每分都在變化的，若是提幣、存幣時需要等待較長的時間，還沒完成搬磚買賣可能就已經不存在價差，那就等於錯過最適合買賣的行情了。因此，完成交易時間越短，用戶承擔的風險也就越小。

3. 基於轉換貨幣之間有時差，幣價會隨著時間波動，打算運用搬磚套利的人，最好準備兩份資金，以便隨時買賣。因為當我們先用較低價格買進貨幣後，等到轉入電子錢包後，再轉到另一個錢包到單價比較高的交易所時，價格通常都已經產生變動了，所以最好能在兩個不同的平臺上，都持有一定數量的加密貨幣，如此才能更方便運用。

最後，由於幣市交易的活絡，這幾年光是交易所就已經成立超過 2 萬家，記得選擇專業、穩定性高的交易平臺，有時要是碰到平臺暫停服務或關閉的話，貨幣可就無法領出了。

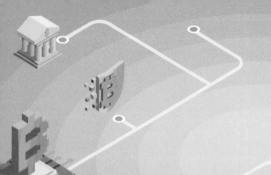

場外交易行不行？你應注意的潛藏風險

　　小哲透過臉書社團的聊天群組，和其中一名幣友阿猴相談甚歡。

　　某天，阿猴傳來訊息：「我剛好有一筆錢，想跟你買比特幣。」接下來傳了一張照片，保險箱裡滿滿的現金，「這裡有 500 萬元，我想跟你買 18 顆。但是如果透過交易所交易，要被扣掉手續費，並不划算，不如我們約在便利商店當面交易吧！我一手交錢給你，你一手轉幣給我。」

　　當小哲依約到了超商之後，先是發現阿猴手上提的袋子扁扁的，不像是裝滿現金的樣子。心中正起疑時，「先打開你的手機給我看！」一看到小哲帳戶裡確實有足夠的比特幣之後，「現在，把幣轉到我的電子錢包裡。」

　　「那，你應該給我的錢呢？」小哲有一種不祥的預兆。

　　阿猴突然掏出一把手槍壓在小哲肚子上：「看你是要錢，

還是要命！」

　　以上這個案例，情節上有略作更改，相關人物名字也以化名處理，但卻是真真實實發生的一則比特幣搶案。

　　像這樣直接拿現金和別人交換加密貨幣的私下交易，正是目前貨幣交易最可怕危險的一個問題。然而根據了解，場外交易行為的比例遠遠超過在交易所進行的，可能有將近八成左右都是來自這種個人之間的交易。

ⓒ 如何購買加密貨幣？

　　加密貨幣的交易，大致分為兩種方式：

　　第一個是透過交易所，也就是我們說的場內交易。以前在臺灣並沒有可以即時匯兌的加密貨幣交易所，必須是從數位資產買賣平臺上購買。但隨著市場漸漸成熟，幾家買賣平臺也發展出了自己的交易所。

　　而為了防堵洗錢，所有交易所都要做實名認證，購買者需要提供身分和居住等證明文件。現在在區塊鏈上能夠查證到的交易數據，都是從這個管道買賣而來的。

第二種即場外交易，有一種是類似淘寶網或是蝦皮拍賣，讓來自不同國家的個人可以互相交易的網站，然後再使用現金或 ATM 購買加密貨幣，這是屬於有認證平臺居中仲介的私下交易。另外也有大多數人是經由 FB 社團或 LINE 群組，進行個人私下協商與交易的。

如果交易是發生在場內平臺裡，都需要歷經完整的 KYC（客戶實名認證程序）和 AML（洗錢防制措施）流程，所以相對安全。但因為大多數的手續費和價格都較高，所以才有人會轉向場外交易。

在交易平臺以外私下進行的交易，因為並沒有經過一個中介機構，不用註冊就可以購買，方式比較靈活，交易量也可以很大，可能也會有便宜的價格。

ⓒ 認清場外風險，避免損失資產

儘管場外交易的成本相對是比較低的，但因為缺乏姓名、地址等個人訊息的註冊程序，無法清楚得知對方的身分。加上若是私下匯款，也很難留下交易記錄，風險過大，往後要是真

有糾紛或涉入犯罪時，更是難以追蹤和舉證。特別是目前針對加密貨幣的交易行為，除了少數國家有發放牌照、將貨幣交易納入監管之外，大部分地區的加密貨幣交易都還未發展出相關法規或監管、仲裁單位。

而用來支持加密貨幣交易背後的區塊鏈技術，還有著不可逆的特性，除非是透過法律或有效的強制力量，否則現在還沒有方法是可以將發出的貨幣再追回來的。

舉例來說，今天如果是有一筆錢發生匯款錯誤，或是發現有詐欺的狀況，都可以藉由中介者——銀行，追查錢的流向，並透過法律程序解決爭議。

在現今的金融體系裡，就算帳戶是人頭帳戶，還是有辦法查到真正源頭。但在匿名的區塊鏈裡，即便警察透過監視器錄影或其他方式，得知 A 對 B 施以暴力、威脅，仍無法證明某個錢包位置是否屬於 A 本人。

另外，私下交易時如果遭遇包含買家、賣家、詐騙者的三方詐騙，那更是麻煩，到時候騙人的跑了，買賣雙方反而蒙受損失。

可能有人要問，對方有出示證件核對身分，應該就安全了吧？錯！那也可能是偽造證件，是另一個受害者的呀！

總而言之，私下交易的保障很低，詐欺風險高，建議一般人還是透由平臺購買，用一點點手續費換取相對安全的買幣投資方式。

投資不受騙，5 個方法教你分辨

　　樂於擁抱新科技的小琪，最近剛接觸加密貨幣，每天下班後總是優游於眾多討論群組中，打算也加入投資行列。

　　某天，一個群組上的意見領袖傳來訊息：「各位幣友們，過去比特幣的全盛時期你可能錯過了，但從現在開始，我們都可以參與它的未來！」

　　小琪心想，對啊！講得太正確了，但是該怎麼做呢？

　　「歡迎大家一起成為發展太空技術的新創企業股東，現在Spacecoin 正在募資階段，最低投資金額 2000 元起跳，未來發展可期，年利率將達到 30％，每個月會按照比例分享給所有現在加入投資的人！」

　　群組上有人發問了：「哇！真有這麼好的事？」

　　「這是一個共享經濟的時代，創辦團隊希望透過這種方式讓更多投資者了解企業理念，這樣將來公司規模就能更大，大

家的投資獲利也會更高唷！」

　　這項投資前景似乎一片看好，加上意見領袖振振有詞，讓小琪好心動⋯⋯

　　上述的條件門檻看起來很低，獲利卻很驚人，是不是還滿吸引人的呢？但越是誘人，越應提高警覺，就算提出合法登記證明，也不可盡信。

ⓒ 最常見的投資詐騙，具有 5 大特色

特色 1：假比特幣之名行騙

　　由於區塊鏈和加密貨幣是一個很新的應用技術，特別是加密貨幣的濫觴——比特幣，被越來越多的人認可，所以每隔一陣子都有人打著比特幣的名號招搖撞騙。

　　比方說「公司會把募到的資金轉投資到比特幣，獲利後再分給投資人」、「我們在○○設置了比特幣礦場，歡迎大家一起投資雲端挖礦」，或是說「這是一款比特幣的分叉幣，投入的價格低，獲利直逼比特幣」等。

會上當受騙的人，都是因為不夠了解比特幣和其他加密貨幣以及區塊鏈的運作模式所致。建議大家真的要多用功、做足功課，不要相信所謂的小道消息。

特色 2：承諾給予固定或不固定的獲利

強調能有穩定的獲利，尤其是可以按日或按月給息、獲取利潤，卻什麼事都不用做只需要出錢，或是門檻很低的，詐騙機率就非常高。

類似的話術有：「先投資一筆資金，每個月都會給投資人3％現金當作利息」、「最低只要投資 100 美金，保證每天固定增值 0.35％，期滿一年能夠拿到超過 300 倍的報酬」，像是這樣短期可致富、看起來不合乎常理的高報酬率，或者是告訴你沒有任何風險存在的投資，無論對方答應可以給多少都不要相信。

大家不妨這樣想：連銀行和保險公司都不敢承諾的事，為什麼一家新成立的公司可以做到？

特色 3：公司多設立於境外，遊走法律邊緣

目前大多詐騙新聞案例裡常見到很多是分布在東南亞一帶的國家，例如前年來自馬來西亞的某集團，便以投資「只漲不跌」的遊戲代幣吸金。

雖然說設立於海外或還未正式在臺灣成立便行投資推廣的公司，不一定都是詐騙集團，但畢竟難以查證，若有損失恐怕也很難追回。還是一句話，自己一定要了解公司的背景、其商業模式的獲利點是什麼、是否有何證明等等。

特色 4：老闆或經營團隊的來歷不明

現在是資訊相對發達的時代，假如你連搜尋網路都找不到所謂的企業創辦人、重要成員過去相關經歷的資訊時，那也很危險。

不要只相信片面之詞，或是看似陣容很堅強的團隊成員照片，要知道，現在還有專門培訓假老闆配合詐騙演出的不肖公司呢！

特色 5：免費招待國外旅遊、考察

很典型且最有名的代表，就屬「廣西南寧案」了，當時這個吸金集團宣稱中國政府全力支持當地發展，所以邀請投資人飛到廣西進行為期一週的考察，內容包含參觀公共建設、上課等，藉此吸引投資。

此外，還有利用舉辦大型會員年會、擺出盛大排場，或秀出身上所費不貲的行頭，營造高獲利、交易熱烈的情境，以騙取投資人信任。

其實只要是有人在的地方，特別是涉及金錢、買賣行為時，就無可避免地會有詐騙陷阱，比特幣或其他加密貨幣也不例外。而詐財騙局會隨時「新瓶裝舊酒」、以各種不同的面貌出現，面對任何投資，萬變不離其宗，多花點時間研究產業發展、審慎評估、洞悉投資風險，才能避免自己成為詐騙對象。

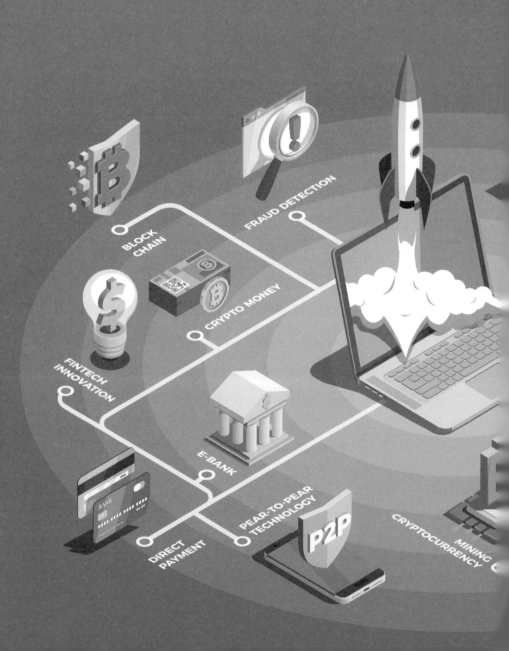

BLOCK CHAIN

FRAUD DETECTION

CRYPTO MONEY

FINTECH INNOVATION

E-BANK

DIRECT PAYMENT

PEAR-TO-PEAR TECHNOLOGY

P2P

CRYPTOCURRENCY

MINING

BANK

BANK CARD 0000 0000 0000

第四章　數位貨幣大哉問

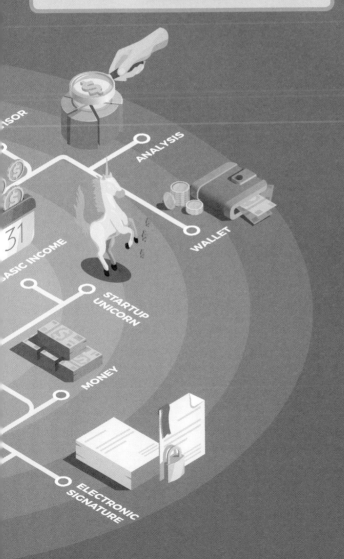

聽說加密貨幣常被用來當作洗錢工具？

　　的確，這幾年我們看到了某些不法分子利用比特幣「洗錢」，也就是把黑錢洗白，將各種犯罪所得買入比特幣，再透過交易平臺賣出的各種負面新聞。但若要說數位貨幣會變成常用的一種洗錢方式，我認為是過度汙名化了，而且其實在實務上並不容易。

　　以實務上來說，用比特幣洗錢可以說風險相當大，首先要考慮貨幣匯率波動劇烈的問題，有可能錢是越洗越少的；其次，想要用比特幣進行轉換，也要找到願意接受如此大量貨幣的人。

　　而就現實狀況的比例而言，比特幣在全球犯罪收益的流通之中，其實只占了很小的一部分。

ⓒ 關於加密貨幣的交易特性

　　由於比特幣是目前最為人熟知的一種主流數位貨幣，我們在這裡都用它來舉例說明。在釐清比特幣是否真的適合用來漂白黑錢之前，建議大家先了解這整個機制的大致運作方式。

　　每個持有比特幣「錢包」（等同銀行帳戶）的用戶，都分別擁有一份記錄著全世界每一筆交易的帳本，即使是 0.001 顆的比特幣交易，都會透過共同認證的方式確認無誤後，一一被寫進帳簿裡，所有交易過程是透明、公開，並且無法變更和修改。無論是買進或賣出，區塊鏈上都會產生一串轉帳的位址，一旦位址公開（只要曾經交易過就會被別人得知），任何人都能查詢到交易者的比特幣資產和買賣紀錄，像是貨幣流到哪裡去、中間經過那些位址等等。

　　至於為什麼很多人對於比特幣會產生洗錢、進行非法資產轉移的疑慮？一來是因為它雖是公開的帳本，但又具備著「隱藏身分」的匿名特色。另外，也因它並不屬於傳統受到政府單位、中央銀行或金融機構等組織所管控的法定貨幣，只要電腦接上網路，透過交易所或買賣平臺就能以 P2P（peer-to-peer）

方式隨時隨地自由交易，同時也因它能夠即時地（還是需要一點驗證時間）流通全球，具有跨境運用的便利性。

可是，正由於它不是法幣，少了政府的介入和干預，價格變動相當大，特別是當有一大筆錢進出的時候更是如此。所以對於想要把犯罪所得轉換成合法收益的人來說，這種價值交換的風險老實說還滿大的。

Ⓒ 防堵洗錢的兩道防線：KYC、AML

要解決比特幣在交易過程中因匿名而產生的投機行為與風險，我認為交易所應做好「KYC」和「AML」這兩件事。KYC 有助於交易平臺掌握用戶的身分，是指透過客戶個人提供身分證明文件，即「實名制」的過程加以規範，未來若有犯罪行為，也能提供相關執法機構調查的依據。AML 則是針對可疑的用戶，進行洗錢行為的追查、扣押與凍結所得，讓犯罪者無法投入後續犯罪或取得收益。

事實上，目前兌換比特幣的管道，以臺灣的交易平臺為例，每天購買比特幣的上限為新臺幣 50 萬元。要是交易金額

更大筆，就必須到國際交易平臺，但這些交易所現在也都配合防制洗錢的規範，需要身分的認證。這樣看來，用比特幣洗錢真如想像中那麼簡單嗎？當然還是可以辦得到，但其實還是有相當的難度。

話說回來，「去中心化」這個特性本身就是一把雙面刃，一方面貨幣的流通雖不再受控於第三方機構，亦有利於減少交易時間和成本，還能讓這世界上高達半數沒有銀行帳戶的人能夠順利完成匯款轉帳；但是當交易發生問題時，原本政府組織或金融機構能夠提供擔保的風險也隨之而來。

就像網路，很多人因此媒介而受益，也有人利用它作為一個詐騙、犯罪的管道，但我們能說那就捨棄不用它了嗎？隨著加密貨幣將來可能日益普及，影響層面也正在逐漸擴大的發展趨勢，如何協助各交易所建置一個能有效管理、保障安全的市場機制，才是當今要努力的方向。

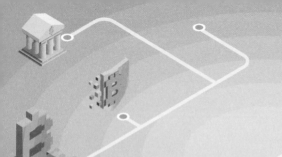

為什麼駭客有辦法偷走比特幣？

　　2019 年年初，日本數位貨幣交易所 Coincheck 證實，超過 5 億個新經幣（XEM）被盜轉，相當於臺幣 156 億元的貨幣不翼而飛。

　　接下來，全球交易量前三大的數位貨幣交易所——幣安，也發生了駭客攻擊事件，還好最後駭客並沒有提領成功，不過這個事件卻造成多數數位貨幣的價格大跌。不久前，韓國最大的數位貨幣交易所 Bithumb，也有大約價值臺幣 9.5 億元的數位貨幣被駭走。

　　有沒有發現，屢屢發生駭客入侵的，都是數位貨幣交易所，而非區塊鏈本身。其實比較有風險的是交易所，而不是區塊鏈；交易所被駭客侵入，並不代表區塊鏈技術是不安全的。

ⓒ 了解數位貨幣交易所

　　數位貨幣交易所的出現，是讓數位貨幣能夠實際用來消費或轉換成實體法幣等，為了滿足執行交易需求所建立的平臺，透過撮合人們之間的買賣比特幣、以太幣或其他數位貨幣賺取手續費。

　　跟 LINE 群組或臉書的場外交易方式相比，這一類交易所較能降低被騙的風險。由於買賣或挖礦都需要一個存入、轉出的管道，這時候就需要錢包了，它就像是銀行帳戶，我們都可以清楚管理自己的數位貨幣資產。

　　而為了使交易更加方便快速，許多交易所網站便提供了電子錢包服務，讓用戶把數位貨幣直接存放在交易所內。這樣一來，需要轉換時就不用另外再入金，這就跟我們先將一筆錢存在銀行帳戶裡，當需要提領、匯款時就不用另外再存錢進去的意思一樣。用戶必須透過一組使用者代碼（通常是電子郵件地址）和密碼登入，才能使用錢包，並且藉由電腦或手機的應用程式便能開啟。

　　其實有點像以往網路銀行的作業模式，由於它是跟網路相

通的，所以也被稱為「熱錢包（Hot Wallet）」。

大家試著想想，一旦放到雲端上，還能保證資產的安全嗎？當你把可以存取錢包的鑰匙交給交易所保管時，要是駭客對交易所發動攻擊，就可能發生被盜的風險。

區塊鏈技術一開始被設計用來驗證交易，因此具有分散性和不可逆的性質，要駭入是非常困難的，但是駭客要侵入某個交易所系統，卻是相對簡單很多的。

ⓒ 自我保護資產，杜絕駭客盜幣

尤其是很多時候是交易所人為因素造成時，那就更不安全了！比方說資安人員在控管方面做得不好，或有內神通外鬼、監守自盜的情況。因此，在這裡建議大家盡量管理好自己的資產，而不是交給第三方，意即千萬別把資產全都存放在交易所提供的錢包裡。

當沒有進行任何交易的需要時，就盡量不要將加密貨幣放到交易平臺裡，而是存到一個安全的錢包裡。這樣一來，也可以避免萬一加密貨幣交易所哪天操作不當、破產或關閉，可能

面臨無法提領、求助無門的困境。

　　你可能要問，哪裡才有安全的錢包？那便是不連上網路、和熱錢包概念相對的「冷錢包」，它其實就是一個 USB 裝置。如果要舉例說明，很像是我們傳統用來保管貴重物品的保險箱。因為冷錢包經常處在離線狀態，能夠用來開啟加密貨幣錢包的私鑰（可能是記在一張紙上、存在其他硬碟或你的大腦），就不容易曝露在網路世界裡。不過，這也代表了想要隨時交易，就沒有這麼便利了。

　　另外，提醒私鑰務必好好留存，要是不小心遺失或忘記，錢包也就無法開啟、動用，也沒有像是銀行的中介機構可以讓你詢問或重辦的！

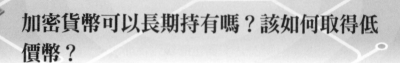

加密貨幣可以長期持有嗎?該如何取得低價幣?

　　已經至少不只一個人問:「加密貨幣這麼夯,所以我是可以長期投資它的嗎?」老實說,這樣的問題的界定太模糊,簡直無法回答呀!

　　首先,你的長期是指多久?第二,每個人資產或狀況都不一樣,有人承擔風險的能力較高,或許適合投入較多資金,也可以將投資時間拉長。

　　同時,加密貨幣價格波動是很大的,以 2017 年年底來說,比特幣的交易價格飆漲到 2 萬美元,但短短幾天後情勢急轉直下,單日跌幅最大達到 30%,2019 年初最低點只有 3 千多美元。要投資之前,不妨先自問你能承受這樣的風險嗎?

ⓒ 加密貨幣的價值優勢

　　無論國內外，不須經過銀行、中介機構的價值轉移方式，且能永久留下紀錄、無法被竄改的特色，使得比特幣的根本技術——區塊鏈，非常具有發展性，特別是區塊鏈還能被應用在其他產業和領域上。

　　某種程度來說，投資加密貨幣就等於是投資了區塊鏈，加上隨著世界各國認同其貨幣地位的趨勢，有越來越多投資者都將加密貨幣視為一項可行的投資。

　　為什麼比特幣是目前市占率最高、最搶手的貨幣呢？主要是因為它限量發行、不會產生通膨的關係，其稀有性具有和黃金相似的特徵，在越多人想持有的情況下，僧多粥少，價格自然不斷上漲。

　　如上所述，價格完全取決於貨幣的供應量與人們對它的需求，因此該如何取得低價幣呢？來源大致有三種：

1. 當幣價下跌、其他持有者紛紛拋售時。

2. 早期投資比特幣或幣源來自礦場的人，手上可能會有比較便宜的幣可以出售。

3. 不妨關注正在發展中的新貨幣，並掌握首次代幣眾籌 ICO 的第一手情報，因為有些低價幣只提供給某些創投者或天使投資人。而 ICO 的募資過程又分為好幾個階段，如果能取得第一階段情報，獲得低價幣的機率就比較大。未來公司賺錢時，代幣的價格便自然會上漲，跟股票投資裡淨值增加的概念類似。

ⓒ 保持正確心態，做好資產配置

說到股票，我認為加密貨幣的投資策略，其實也可以參照持有股票的方式：少量並長期。

對於一般人而言，將所有資產的 5％ 用來持有或投資數位資產，應該是比較安全的；要是你是屬於風險承受能力比較高的人，可提高至 10％。也就是說，當這筆資產虧損嚴重，甚至有可能一去不返時，對你並不會造成太大的影響。

同時建議多方配置，別把雞蛋都放在一個籃子裡，且初期投資時還是以長期為主，高買低賣的短線交易需要長時間的深入研究及正確判斷資訊的能力。

關於要選擇哪些貨幣？入門者可參考市值前 5 大或前 10 大的貨幣加以投資，例如比特幣 BTC（Bitcoin）、以太幣 ETH（Ethereum）、瑞波幣 XRP（Ripple）、萊特幣 LTC（Litecoin）、比特幣現金（Bitcoin Cash）等。

　　無論是任何投資或是發展中的貨幣都有風險，唯有保持理性的態度，並自己親自了解其運作機制和走勢，才是投資獲利的不二法門。

投資加密貨幣，風險是不是很高？

　　2018 年 4 月，日本對於加密貨幣交易做出了明文規範，將比特幣和其他加密貨幣定義為合法的支付方式。到了同年 12 月，比特幣被美國納入期貨交易裡，變成和玉米、小麥等原物料一樣的期貨商品交易。

　　而大家最常使用的手機軟體——LINE，也成立了自己的虛擬貨幣交易所 BITBOX，日前並發行了數位代幣 LINK 及區塊鏈網路 LINK Chain。LINK 可用於支付音樂、影片、漫畫等商品購買、遊戲應用程式的內購，以及支援 P2P 轉帳，到 BITBOX 交易所進行交易等。

　　隨著各國政府對加密貨幣納入監管與正式承認等態度，加上各產業紛紛投入的訊息，每每引發一陣投資熱潮。但是建議先別急著心動馬上行動，有些風險你一定要知道！

1. 價格波動大

所謂的「去中心化」，代表的就是沒有任何管制。加密貨幣不像大部分的法定貨幣，具有價格穩定的特性，其價格完全取決市場，有可能今天大漲，明天就暴跌，有時候甚至是幾分鐘的事。而即使價格面臨浮動，也不會有相關單位介入或有足以應對的措施。

以日本為例，雖然已立法將比特幣視同為法幣，但並不代表就能保證匯率的穩定。因此，對於投資人來說，要注意可能產生兌換上的風險。

2. 政府態度不明確

現在我們所使用的法定貨幣，已經在政府和銀行的控管運行一段好長的歷史，比特幣的誕生卻打破了必須透過中介機構的交易方式，因此對於比特幣這一類的加密貨幣應如何監管，目前為止除少數幾個國家之外，都還不是相當明確。畢竟這對央行既有法幣與金融的運作管理，造成很大的干預。

大家可以觀察看看，除了交易所安全性受到挑戰的因素，

政府的政策也大大影響了比特幣的價格變動，每一次政府對加密貨幣施加干預，價格便會下跌；當政府加以鼓勵，加密貨幣就會大漲。至今，比特幣在臺灣也還不是合法的支付工具，這些也是投資前應該要列入考慮的因素。

3. 資訊不對稱

　　絕大多數的投資者而言，處於一個市場資訊極不對稱的狀態。我們說加密貨幣價格的漲跌取決於供需，儘管有資訊可供參考，但這些資訊的統計是來自透過加密貨幣交易所的「場內交易」形成。

　　更多時候交易是在檯面下發生，也就是場外交易，導致投資人要利用線上便可查詢到的資料，來判斷何時該買入、何時可以售出、大致的價格落在哪裡，其實並不會相當準確。

4. 區塊鏈尚處於萌芽階段

　　雖然區塊鏈的概念很好，帶領我們看到了未來的發展可能，但畢竟現在技術還未完全成熟，能否真正實現原本計畫的

理想境界，還是個問號。

　　同樣的，加密貨幣也處在一個發展階段，加上現在有很多人急於參與、交易量日趨龐大的關係，系統需要比較長的驗證時間，都會影響交易的速度和價格。

5. 人為因素與資安問題

　　由於不可逆和去中心化的特性，導致加密貨幣一旦發出後，若是有交易錯誤、貨幣遺失等狀況，通常是沒辦法再改變的，即使當中是有人為的操作不當、竊取和欺騙等行為，同樣無法挽回。而多起駭客入侵交易所的案例，也突顯了這些服務商在資訊安全防護機制上仍存在著漏洞。

　　我想，唯有盡量減少人為因素的干預，並建置一個針對加密貨幣交易的安全架構，才能有效降低投資風險。然而，距離這個目標，我們都還有好長一段路要走。

加密貨幣好像經常被用來發動詐欺和勒索，可靠嗎？

2017 年 5 月，一款名為「WannaCry」的病毒肆虐全球，100 多個國家、近 40 萬臺電腦遭受感染，想要解除鎖定、保護硬碟，只能照著駭客要求乖乖支付等同於 300 美元的比特幣。或許是因為如此大規模的爆發，而且還造成英國醫療系統、俄羅斯政府部門的癱瘓，所以現在一談到勒索、駭客，似乎大家都很容易聯想到比特幣。

但就利用電腦病毒進行攻擊、勒索來說，其實早在 1989 年就已經有了「特洛伊木馬（The AIDS Trojan）」一例，只是當時網路不像現在這麼發達，還必須透過磁碟片（Floppy Disk）來進行散播罷了。

所以，將比特幣或其他加密貨幣作為支付贖金的方式，我比較傾向把它視為加密貨幣蓬勃發展下的其中一個現象。

ⓒ 把比特幣當作「贖金」，原因是？

可匿名交易的隱密性，是比特幣最被人熟知的一個特點，但也成為犯罪分子用來從事不法活動的立基點；在未納入監管情況下，當駭客要將比特幣兌現時，身分不易曝露。

此外，比特幣能夠自由地在各個帳戶中流動，對於進行跨國轉移來說十分便利。因此，駭客將過往勒索要贖的給付方式，從法幣轉為加密貨幣，可以說時勢所趨下的一個新媒介。

不過，這些駭客不了解的是，加密貨幣的交易並非完全無法追蹤，特別是現在許多交易所都有反洗錢的機制。如果是透過私下交易，難保不會碰到「黑吃黑」的狀況。並且，在過往案例裡，駭客成功收到比特幣贖金的比例並不高，因為大多數被勒索的人，根本不曉得該怎麼購買比特幣作為交付。

無論是一般的電腦使用者，或是政府機關、企業的電腦主機，未來以非法方式侵入他人電腦竊取或修改重要資料的病毒勒索攻擊，只要資安或軟體上的漏洞繼續存在，依然會持續發生。這和駭客要求以何種交易工具當作贖金，並沒有因果上的關係，而我們能做的，無非是保持電腦系統的經常更新、隨時

記得備份系統和資料，便能將受到病毒攻擊的機率減至最低。

ⓒ 工具無善惡，取決於人對它的態度

　　有不少人一說到數位貨幣，就聯想到炒作、詐欺等行為，但同樣是作為一種交易的管道與工具，我認為加密貨幣本身並沒有好壞之分，重點是使用者如何運用它。

　　就像過去，利用法定貨幣為非作歹的人所在多有，但它更多時候是有效解決了人們的交易需求，甚至展現其發揮在人道領域的價值。

　　我們在書裡談到很多區塊鏈技術的應用方式，可能有人會問，區塊鏈一定要和加密貨幣綁在一起嗎？這兩者其實是一體兩面的，如果只有鏈而沒有幣，就不會產生價值的交換；若是光談幣而不講鏈，無法彰顯出區塊鏈對人類的效益。

　　區塊鏈是一個底層技術，有它分散、不可竄改，以及突破傳統由中心傳遞訊息的優勢，而加密貨幣本身則是為標的。一個社會的進步，必然與活絡的商業活動無法脫離，當區塊鏈和加密貨幣結合（最好的模式是要再加入智慧型合約）時，確實

有助於大幅度改善當今的交易效率，更能讓這世界上許多身處傳統金融體系邊緣、沒有銀行帳戶的人，也能有和外界交易的機會。

對於國家機關來說，區塊鏈與加密貨幣的誕生，不論是基於其既得利益的被挑戰，或是可能衍生犯罪行為等，各方面都會有所考量，所以各國政府有的暫且持觀望態度，也有出手禁止的。

我認為未來應該會產生兩股力量的拉扯，一個是有著廣大網路媒體支持、由一群有共識的群眾所維護，純粹去中心化的區塊鏈；另外一個就是由政府或極有力的機構主導發展，以便加速原有作業流程而構成的私有鏈。

至於最後會不會又出現一個中心化的區塊鏈呢？我想也不無可能。

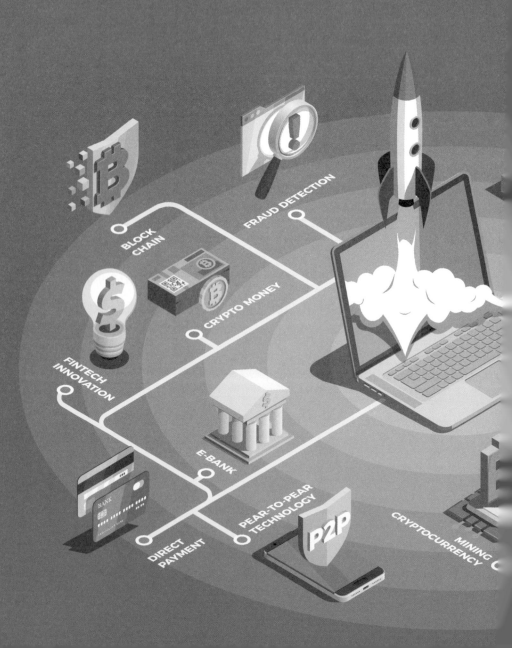

第五章　數位貨幣獲利術

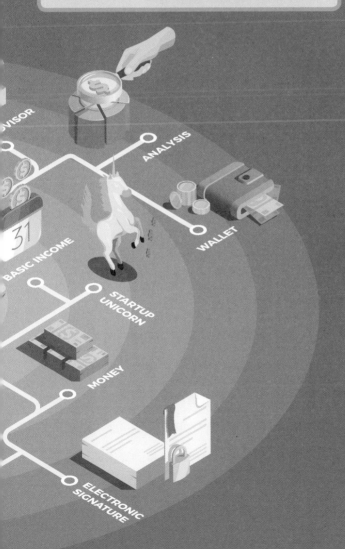

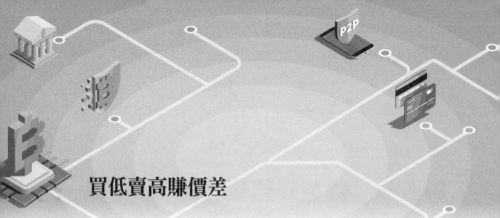

買低賣高賺價差

我們已經知道區塊鏈的概念，也認識很多數位貨幣的知識，但知道歸知道，所謂「**資訊的落差，就是財富的落差**」，具體來說，我如何靠著這方面資訊來增加財富呢？

◎ 掌握情資是賺利差的根本

任何生意的基本原理都一樣。從最傳統的路邊攤販售烤玉米，到藉由國際貿易買賣大宗物資，基礎的商業模式都可以用四個字來表達，那就是「買低賣高」。

同理，數位貨幣雖然聽起來比較新潮，牽涉到很多一般人較難懂的科技術語，但歸根究柢，買賣數位貨幣仍是一種生意模式。獲利的方法，同樣也是「買低賣高」。

如果說，農家阿桑都懂得用低價收購鄰家的玉米，拿到市場上加價賣出。那我們想投資數位貨幣，也是同樣道理，就是

確實做到兩件事：

第一、確保自己用較低價取得數位貨幣；

第二、在市場行情變高時將數位貨幣脫手。

步驟簡單，但實務上可否獲利，關鍵在於如何取得較低價的數位貨幣，這就有賴於情報。

所以，平常若對這領域沒有投入足夠的關心，單看新聞以為買幣一定會增值，或聽信朋友推薦，不明市場行情就投資買幣，那風險就比較大，賠錢機率可能高過賺錢機率。

真正想要靠買賣數位貨幣獲利，基本的市場學習以及經常性的接觸這領域情資，是最基本的要求。

Ⓒ 低價買進的三種方法

如何取得低價，並且在市場以高價賣出呢？

我再次以農家阿桑的玉米攤來舉例。

第一、量要大

量大就能殺價,好比一口氣買下鄰居所有玉米田的玉米,肯定可以較低的一口價買斷。

但對一般百姓來說,數位貨幣可不是買青菜蘿蔔這麼簡單,一顆幣單價可能動輒十萬百萬。因此,「量大」原則只適用在有一定的財力者,當擁有足夠閒置金,或透過集資擁有一定數額的金錢時,採用一次大量購買方式,可以取得較低價的優勢。

第二、直接跟源頭買

這裡假定你不是挖礦主,是挖礦主的話那已經是投資事業領域,這裡單純以買賣的角度來看。那麼,也如同玉米阿桑是在原產地買自己社區栽種的玉米,所以單價可以壓比較低。我們買幣若可以認識源頭,例如某某挖礦主就是你的朋友,當然也有機會直接跟他以較低價取得。

第三、場外交易

　　如同我們都知道的，在超商或者城市的高級連鎖店買東西，同樣的商品，超商賣的肯定比我們在鄉間雜貨店還要貴，甚至差價不小。阿桑的玉米放在鄉間雜貨店賣，跟包裝好好的送去超市，價格肯定差了好幾倍。

　　若把超商比做數位貨幣的正式交易平臺，場外交易就好比是在鄉間購物的概念。少了行政作業手續費，當然可以更低價買到數位貨幣，並且過程中通常是可以殺價的。

　　但有朋友會擔心，如同我們在第四章舉過的例子，場外交易相對來說少了安全性。當然實務上，類似持槍搶幣這類的事算是特殊案例，一般來說，透過區塊鏈的技術，數位貨幣只要入帳都是有保障的，若對安全仍有疑慮，也可以雙方找自己朋友當第三方公證人，這方面就有賴買賣方自行評估風險。

ⓒ 找到安全又低價的交易平臺

　　談到交易場所，若想既能低價購得數位貨幣，又要兼顧安全性，還有一個方式，就是加入有公信力的數位貨幣買賣群

組。例如小 M 本身因為投入數位貨幣領域很早，在幣圈已建立一定名聲及人脈圈，我經營的幾個交易群組，就是比較安全的場地。

由於數位貨幣是匿名的，假定發生像是第四章所舉的超商搶幣行為，幣既轉出就不可能再和對方要回來，除非有公正第三方舉證出對方的搶幣行為。因此，一般若進行的是大宗的數位貨幣交易，價值可能牽涉到等同幾千萬臺幣以上金額，以臺灣來說，可能就約在銀行的貴賓室，由銀行做公證方，雙方來做交易。

當然本節重點是如何「低價取得」，那麼銀行場地就非首選。一般民眾買賣多半只是小額交易，但金額雖小，依然需要保障，那麼透過像小 M 創的這類群組就是很好的方式。因為小 M 所創立的平臺，加入者都需要被審核，通常都是我認識的朋友圈，我對他們有足夠的信任。更何況我的平臺是純服務性質的，在我平臺上交易，完全沒有收取額外的費用。

ⓒ 賣家願意低價供幣的理由

但買賣是雙方的行為，如果大家都是利益導向，為何有人願意低價賣出呢？

答案有很多可能，例如對我們買方來說是低價，但對賣方來說，他當初若是用更低價格取得的，那麼對他來說，這次的交易也依然符合「買低賣高」。

低價沒有一定標準，這也是場外交易的好處，有可能有機會用比原本設定的價格還要更低的價格買到。那是因為數位貨幣本身，畢竟只是個範圍有限的介質，不是真正的法幣，若有人現實生活中急需現金，那他自然就會想將過去買的數位貨幣脫手，並且為求速效，價格都會壓得比市場行情低很多。

或者有人為了分散風險，採取不定期讓手中的數位貨幣脫手，同時改買其他種類數位貨幣等等，這樣的情況下，也可能釋出一些低價數位貨幣。

另一種情況是，數位貨幣可以和匯兌結合產生適當優勢，例如透過群組，賣方原本在甲國是用甲國法幣買的數位貨幣，現在賣方來到乙國旅行，透過群組將數位貨幣賣給乙國的人換

取乙國法幣，省下了匯差，他也願意將數位貨幣較低價供應。

基本上，透過群組買賣數位貨幣的好處，就是這個圈子裡本就是一群平日有在交流數位貨幣的人，既安全流通性也高。

自己也來挖礦吧！

　　數位貨幣，是一種可以超越政府中央集權管控的貨幣。其應用範圍，廣則全世界都可應用，就像美金般被認可，像是比特幣、乙太幣；也有範圍小至只應用在特定領域的，例如遠航的「ALLN幣」，主要用在兌換機票，以及墨攻網路科技的魔券幣，可換食衣住行育樂的票券等等。

　　但凡人如你我，現階段既不可能成為數位貨幣發行者，那難道就只能以消費者身分買低賣高嗎？別忘了，區塊鏈的特性，就是透過廣泛的節點人人都可參與，透過貢獻一份心力取得利益。這所謂貢獻利益，一般我們最可以做到的，就是挖礦。

ⓒ 人人都可以參與的區塊鏈挖礦

　　廣義的參與挖礦，如同前面曾介紹過的，透過區塊鏈結合物聯網，就算外出運動也可以在過程中協助挖礦。但本節介紹

的，則是純粹技術面的，也就是真正藉由礦機挖礦。

包括比特幣、乙太幣等各種的數位貨幣，不同於一般法幣是用紙或金屬所製作，數位貨幣只是一串串的數字，其產生有賴於數位解密，解密是透過機器電腦結合特殊運算法，這就是「礦機」，利用礦機不斷解密的過程就是挖礦。

過往年代，人們認知的挖礦，如挖石油、挖鈾礦……等等，都是耗資億萬以上的龐大投資，非政府及大財團無法從事。但區塊鏈定義下的挖礦，人人都可參與。雖說人人都可參與，實務上也需投注一定的金額購買設備，所以和前一節所說的買賣貨幣相比，挖礦比較是一種事業投資。

以區塊鏈技術為前提下的挖礦，和傳統認知的石油挖礦等對比，除了成本小很多，以及「礦」的本質完全不同外，彼此倒是有一點是共通的，那就是挖礦不是「努力就有收穫」。

以前經常聽到有人投資大量資金考察，然後鑽地取油，最終卻仍一無所獲。當我們用礦機挖礦找幣也同樣如此，許多人投資了設備及時間，最終卻不一定可以挖到礦。這是對所有有志透過區塊鏈技術結合數位貨幣潮流獲利者，必須要確實知道

的前提。

基本上，挖礦就三個步驟：買設備、設定要挖礦的標的，以及持續的挖礦。

以比特幣這個全世界最多人討論的數位貨幣來說，其總數只有2100萬顆，隨著全世界越來越多的人參與挖礦，代表著每臺挖礦機的成功率逐年逐月越低，所以挖礦絕非買了設備等著坐享其成就好。

那麼到底如何透過挖礦獲利呢？

◎ 選擇主流中的非主流

如同我們投資房地產也會有這樣的難題。

想買高價地區，也就是具備繁榮條件地段的房子，可惜價位已太高買不起。若買低價地區的房子，又覺得沒有意義，因為未來不會發展，房價也不會漲。

這樣的兩難如何處理呢？該選擇投資低價蛋白區，還是投資高價蛋黃區呢？

一個好的做法，就是選在高價蛋黃區的邊緣地段，也就是

蛋黃與蛋白交界。

　　以挖礦來說，既然像是比特幣以及乙太幣這類的熱門數位貨幣，有著世界各國的挖礦人爭相搶奪有限的礦量，那麼挖礦成功機率大減是可以預料的事。

　　但若刻意選擇非常冷門的各種新興數位貨幣，雖然挖礦成功率大增，問題是挖礦只是過程，取幣是目的，當挖到的幣沒什麼價值，挖礦又有何意義？

　　小 M 建議的做法，如同前述，應該選取「蛋黃區中的邊緣地段」。

　　可以參考類似 coinmarketcap.com 這樣的網站選擇標的，該網站列出全世界流通的一、兩千種數位貨幣情資，包含幣種介紹以及市場行情等，也列出交易排行。

　　我們當然不要去挑選名列幾百名以後的數位貨幣，但也不去爭搶前二十名那種熱門數位貨幣，建議的選擇幣種落點，就是大約在 20 名到 50 名間的，所謂「主流中的非主流」。

　　這樣的話，一方面這樣的數位貨幣，有一定的影響力；二方面，以挖礦競爭來說，又相對比主流數位貨幣少很多。在這

樣的情況下，我們買礦機挖礦，就可以有較高的機率挖到有價值的礦。

　　舉例來說，門羅幣（Monero，縮寫：XMR），建立於 2014 年，從問世以來市值快速增長，在 2018 年底市場交易市值已經超過 10 億美元。

　　相對於比特幣等主流熱門貨幣，其非最熱門，但又有一定影響力及前景，這就是小 M 本身推薦的選擇。

ⓒ 從礦機到礦池

　　挖礦是賺取數位貨幣潮流趨勢財的一種方式，只要買了礦機，放在適當的場地，我們本身不用守在設備旁，在臺灣也有很多企業及個人投入這樣的事業，包括小 M 本身就擁有許多的礦機。我的學員許多也擁有自己的礦機，保守估計，我及我的學員團隊加起來的礦機數，應該不下一萬臺。

　　相信一定有朋友會抗議，他想投資數位貨幣，但不想要還得買設備、租場地等搞得那麼大。下一節我將介紹其他獲利方式，但這裡我要特別說明的：其實就算買礦機，也必須擁有一

定規模才有獲利可能。

如同前述，挖礦不是努力就有收穫，也不一定先跑先贏。可能甲挖礦機半年前就運作了，至今沒有成果，而乙挖礦機運作了第一週就挖到礦了。這是一種搶先解密的作業，誰能成功解密挖到礦，沒有一定規則可循。

雖然解密沒有一定規則，但獲利倒是有一個通則：**數大就是美**。

講白了，就是當挖礦樣本數多了，成功機率自然就高。就好比個人自己去買大樂透，中獎機率很有限，但若一群人集資，就比較有機會中大獎，等中獎後，集資者再依出資比例來分配利潤。

因此，當我們買礦機後，也絕非自己閉門造車努力挖礦就能成功，我的建議是，若想獲利最好還是要加入群體，靠團隊作戰。這個群體，我們稱之為「礦池」，就等同集資買大樂透的概念。

也就是說，單一的礦機，或者就算你添購十臺、百臺礦機也一樣，和全世界礦機數量相比都是滄海之一粟，但匯集眾礦

機入礦池，才有機會擴大成功機率。

　　基本上，以全世界的視野來看，臺灣參與數位貨幣挖礦者算是少的。我們最終還是要連結到世界級的大礦池，以我本身來說，我的礦機團隊加入的就是「螞蟻礦池」。其創立於2014年，截至2018年年底，其算力已突破5000PH/s，是全世界排行第三的礦池。

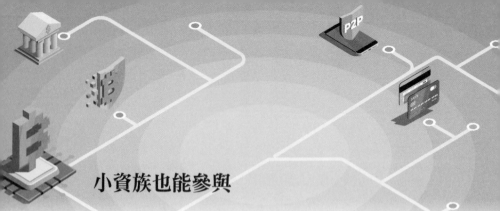

小資族也能參與

透過買賣數位貨幣賺取差價獲利，這是最基本的金錢投資方式。透過投資礦機設備自己挖礦，參與數位貨幣生產，這是一種事業方式。

但對於一般的人，甚至假如只是個靠打工收入半工半讀的學生，難道他們就沒有辦法參與數位貨幣的潮流嗎？

其實就算是一般手中閒置資金不多的民眾，也是可以透過數位貨幣獲利。

ⓒ 媒合買賣也有學問

最簡單並且也完全不用成本，真正「買空賣空」模式的獲利做法，就是擔任數位貨幣中間人。身為中間人，買賣的就是資訊，例如你因為工作關係，知道有人手中持有數位貨幣想出脫，但可能量太小，或者覺得參與公開交易市場太麻煩，正愁

找不到買方，而你剛好認識像是小 M 老師這樣的人，就可以協助搓合，賺取一定的服務費。

當然前面說的是量很小，但也可能相反，對方要賣的量很大，但很想找可靠的買方。因此，你也可以當搓合人。

別以為搓合買賣只能賺取微薄的服務費，實務上，假定幣的單位上萬，中間人可以賺超過 100 萬元臺幣絕對沒問題，畢竟那個幣值交易金額本身都已經上億了。

就這樣，單靠搓合認識買賣雙方，一旦成功交易，就可以獲利，自己完全不需懂任何區塊鏈技術，交易成功的關鍵，則是有賴於你這個人本身的信譽，買賣雙方因為信任你，所以願意透過你來完成這筆交易。

當然以上講的是最簡單的狀況，這類情況可能偶一為之，不是常態的。若想當個很專業的中間人，顧名思義，就真的要夠「專業」了。

擔任專業中間人，當然不是簡單說「我認識某某某」這樣的關係即可，特別是牽涉到大宗金額的進出，則本身不只是介紹人，也要當見證人。數位貨幣的轉換，比起實體貨幣，有一

個很大的差異，就是「存放」的速度與便利性。

假定有個人因為參與一個專案或比賽，好比說賽馬場彩票得到很豐厚的獲利，或者談成一宗很大的土地仲介，短時間內獲得一筆很大的現金，以實體貨幣來說，若金額上億元，光是存銀行就牽涉到一些報備填表單事宜，更何況如果不是本地人，好比說臺灣跑去澳門，高額現金怎麼處理也是難題。

就算只有 1 億元，光要裝袋就要裝好幾袋。但換成數位貨幣，可能就變成幾十個或頂多幾百單位的幣值，並且只是電腦帳戶上的一個數字。

但牽涉到那麼大金額的介紹人，自然也不會像請客吃飯那麼簡單。至少介紹人本身要具備足夠的數位貨幣知識，也要懂行情，才能做好「見證」的角色。

當然，若只是簡單的介紹就人人皆可，例如小 M 老師其實就常常扮演這樣的角色，並且我的群組就等於是媒合平臺，還不用收費。那是因為對我來說，我追求的是整個團隊的綜效，因此不將報酬主力放在中間人這個角色上。

無論如何，至少單就扮演中間人角色這件事，是不用成本

又有獲利空間的。

© 礦機代管與礦機託管

還有什麼方法，可以本身不用成本，仍可透過數位貨幣獲利的嗎？

還有另一種可能，就是礦機代管。

實務作業上，礦機並不真的需要有人在旁邊操作，畢竟真正在做計算的是機器並不是人，但所謂代管，簡單來說其實就是提供場地，但做為場地提供者，也須負責照顧好機器，包括用電量以及溫度控管，至於防盜功能，那更是基本必要的。

但這裡要說明的，礦機代管和礦機託管是不同的。

礦機代管比較像是客戶擁有礦機，但把礦機寄放在你的地方，也就是類似將汽車停放在租賃停車場的概念。而代管也有程度的不同，簡單的就只是空間的出租，例如也許你家地下室有閒置空間，於是提供做為礦機代管。一般會收取電費、管理費、雜費，乃至於視服務程度多寡，收取挖礦抽成費用等等。

如果要做到抽成，代管者還需做到當機處理、零件替換，

以及各類緊急狀況處置等。

這當然適用原本自己就有多餘土地建物的人,如廠房的倉庫,或者有可供營業用的辦公空間可以應用等等。

礦機託管則需要專業的企業化經營,基本上,包括機器設備及場地都是由企業提供,託管者是以租用的形式或專案委託型式。其概念就好比線上遊戲公司,可能跟電信公司承租伺服器,或者一般企業可能將客服中心外包。

營運者是專業的託管公司,但出資者是想要挖礦的企業或個人。這類託管中心,必須具備 24 小時監護、提供恆溫環境以及專職人員輪班待命維護等等,這就屬於事業的領域,絕非個人可為。

除了以上所述,基本上,就算是在夜市擺路邊攤也需投入成本,因此一般小資族,若想完全不投注資金,又想賺取數位貨幣潮流獲利,是無法兩全的,差別只在於投資金額的大小。

ⓒ 投資 ICO

以小資族來說，如果不成立一家企業，也不用投資龐大資本買許多設備，其實還有一種可以參與數位貨幣投資致富的方法，那就是投資有潛力的 ICO。

所謂 ICO（Initial Coin Offering），指的是「數位貨幣首次公開募資」。看到這個名字，很容易立刻聯想到 IPO（Initial Public Offerings），也就是公開發行股票首次公開募股，二者基本概念是一樣的，都是招募資金的模式，只是一個透過發行股票，一個是透過發行數位貨幣。

當一個新創單位，或者甚至一個個人（例如有才華的作曲家），有很好的商品概念或事業願景，只是缺乏資金，透過 ICO 的概念，可以發行數位貨幣，招募認同其理念的人投注資金，方式就是用現金換取數位貨幣。一旦新創單位資金籌足，就可正式運作，若一切過程圓滿，未來願景也落實了，身為投資人就有好處。

基本上 ICO 數位貨幣承購者有兩種好處：

第一、投資 ICO 的同時換取該單位發行的數位貨幣，同

時也取的相關的福利。

各家發行單位規定不同，但基本上，換得的數位貨幣，一定可以享有和該新創單位相關的好處，例如其發行一種新穎的商品，首批限量款，只賣給擁有該公司數位貨幣的人。憑著貨幣也可以換取一定的積點，甚至還可以參與公司分潤，也就是說，就等同於公司股東。

第二，賺取數位貨幣上漲的好處。就好比投資未上市股票的概念，未來這家公司可能大紅大紫，也可能短暫曇花一現，無論如何，對出資買數位貨幣的你來說，原本一開始投資金額不多，因為當初一方面算是投資，一方面也基於理念認同（例如認同某個創作藝人的才華）。

但幸運地，公司（或那位藝人）真的一炮而紅了，產品變成流行熱賣品，或藝人的周邊商品水漲船高，出寫真集也洛陽紙貴，而為了回饋當初的投資者，公司多半設定條件，只限擁有數位貨幣的人才能購買限量商品。如此，這個數位貨幣的幣值就會不斷飆升，甚至若現在你以當初買價的十倍出脫，都有人搶著要承接。

當然，投資有賺有賠，我們人人都不是算命仙，無法預知未來。

　　所以對小資族來說，投資 ICO，主要是以閒置資金為主，抱定了就算後來公司沒有獲利，損失這筆錢也不妨礙生活的心態去做，這才是正確的投資觀念。

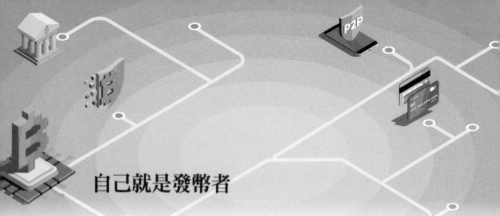

自己就是發幣者

在不同的時代，有不同的資源應用術，最擅於抓住當代技術趨勢的人，往往可以最快踩上致富的浪濤。

例如在遊牧社會，最快抓住農耕技術者，可以建立莊園累積財富；在工業時代初期，最快抓住機器技術的，可以建立廠房大量生產，變成巨富。

每當新的趨勢來臨前，許多人往往都還是站在舊思維觀念下想事情，而這正就是觀念領先者可以往前超越的時刻。

ⓒ 你也可以是數位貨幣者

本書介紹了許多有關區塊鏈以及數位貨幣的觀念，朋友們，是否現在的你，已經可以用「新思維」想事情了呢？

如何透過數位貨幣來獲利，前面講了那麼多種方法，都是依附在大環境既有的基礎上，例如投資數位貨幣，是植基於世

界已經發行的數位貨幣，後續的買賣、挖礦乃至於代管，也都是站在這樣的思維。

但我們可以跳脫這樣的思維，其實，數位貨幣不一定要等別人發行，我們自己也可能是發行者。

提起數位貨幣，雖然目前談到的都是格局很大的，像比特幣是全球性通用的貨幣，其他數位貨幣也都是國際性為主，畢竟，區塊鏈的特性之一就是去中心化，而這樣的貨幣就可以超越國家，比法幣應用到更大的範圍。

但數位貨幣也可以範圍侷限在一定的區間，好比說遠航幣，只適用在遠航的里程數扣抵及企業內相關的服務優惠等。雖然範圍較小，但只要本身是應用區塊鏈概念所誕生的有交易性質的幣種，就算是數位貨幣。

只是就算這樣，也都是植基於大環境既有的發展。但這裡要強調的，數位貨幣，不只是企業單位可以用，在未來的社會，連像你我這樣的「個人」也可以「發行」數位貨幣。

記得嗎？前一節提過投資 ICO，而 ICO 的發行單位，不只是企業，「你」也可以是發行單位。

Ⓒ **數位貨幣與網紅經濟**

讓我們複習一下定義，數位貨幣的可行，植基於區塊鏈技術。而區塊鏈技術可以做到的一點就是透過各種節點為這貨幣做保證。

只要站在這樣的技術基礎上，任何單位都可以發行某個用途的數位貨幣。其基本的應用，就是在特定範圍內，可以用該數位貨幣取代一般法幣。好比說用該數位貨幣可以做消費，或換取某種服務。

對發行者來說，發行數位貨幣的最大好處，就是募資以及建立使用者向心力。至於衍生的好處，如果該幣種漲價了，連帶都有龐大的經濟效益。

對購買者來說，好處如同前一節所述，可以享有優惠以及增值的空間。

從 2016 年以來，有關數位貨幣的潮流已經普及，許多單位也都喊出想要發行數位貨幣，但不一定每個單位都適合。好比說，曾經高雄市也喊出要發行「高雄幣」，但其實這比較不適合，畢竟數位貨幣的特質之一就是去中心化，但高雄市卻是

政府單位，標準的必須中心化管控的機關。與其說是發行高雄幣取代一般法幣的概念，不如說這只是一種折價券的行銷概念。實際上就是消費禮券，不屬於真正數位貨幣，而較像是種廣告噱頭。

但實務上，的確很多單位可以發行數位貨幣，在臺灣也真的陸續有不同企業真正推出專屬貨幣，有些也已經達到一定成績，例如遠航 ALLN 幣，不但是臺灣首家讓乘客能夠以 ALLN 幣兌換國內線航班機票的航空公司，甚至也是全球第一家開放使用加密貨幣兌換機票的航空公司。

而這樣的概念也可以應用在個人。任何的名人，只要有一定的影響力，都可以發行數位貨幣，例如臺灣的歌唱界天王周杰倫若發行專屬的數位貨幣，誰曰不可？

但這裡要強調的是跟我們每個人有關的，發行數位貨幣可以有助於個人的圓夢。想想在前幾年還沒有數位貨幣時代，想要圓夢，好比說開一家夢幻餐廳，其方法可能就是上網集資，以現金匯款來做眾籌。但如今若能透過發幣，就可以讓支持我們夢想的人買幣，鼓舞我們的夢想。

　　而說到網路集資，這些年來非常流行的兩個字，就是「網紅」，在自媒體的概念下，人人可以透過直播方式，秀自己也宣傳自己的理念，有本事的人，其人氣暢旺，甚至不輸有線電視臺頻道。

　　這些網紅已經創造出粉絲經濟來，如果說，有人迷戀網紅，都已經到了網紅說什麼他都願意買的地步，那麼他對於網紅發行的數位貨幣，當然也絕對捧場。

　　在自媒體當道時代，實力也是網路見真章，點閱率不一定代表受歡迎度，可能只代表好奇，不一定代表捧場。所以若網紅們真正發行數位貨幣，就真的是實力大考驗，可能一下子就銷售一空，也可能乏人問津。

　　總之，提起發幣這件事，要告訴讀者朋友們的是，千萬不要妄自菲薄，有夢想就講出來，別人年輕創業，我們有為者亦若是，未來社會，人人都可以發行自己的專屬數位貨幣，這不是天方夜譚，是我們逐步邁向的未來。

ⓒ 走在未來趨勢上

　　對於未來整個世界會有怎樣的發展，很多事不用猜測，因為已經在發展中了，差別只在何時從小範圍應用，到普及於普羅大眾。就好比當年一開始，智慧型手機初始也只是一種新潮，到後來變成人手一機。

　　這中間牽涉到相關技術是否成熟，民眾觀念是否已經接受，也牽涉到相關的成本是否降低到人人都可以參與。因應而生的，很多行業也會誕生。例如以前沒這麼多手機主題店，現在到處都有手機精品店、貼膜店、手機周邊商品店等。

　　同樣的，因應各種區塊鏈技術，很多新興產業也可能誕生。以數位貨幣來說，延續著前一段的概念，人人可以發行數位貨幣，但畢竟這後面牽涉到種種專業技術，需要專人輔導，誰可以做這種事呢？

　　就好比現在公司發行股票，有股務代理公司；一般人想投資股票，有券商。那麼現在針對數位貨幣，就該有相應的企業服務，我的公司就扮演著類似的角色，可以輔導發幣作業，從無到有，從最初的創意規劃到真正發幣、行銷以及後續管理，

一條龍服務，這就是數位貨幣概念公司。

並且我也可以斷言，雖然一開始這類服務很少，但未來一定會普及化。就好像十幾二十年前，網路尚未普及前，有那種專門規劃網站的公司，但後來網站越來越普及，都已經模組化了，企業網站甚至只要任何一個科班大學生就可以輕鬆建置。

基本上，數位貨幣趨勢有助於中小企業的提升，畢竟，一般大型企業原本就有很豐富的政商人脈以及背後資源，其透過股票募資可以輕易的增資，相較來說，發幣的技術就非常有助於原本資源較少的中小企業。

我本身研究網路超過十年，也是臺灣最早投入區塊鏈領域的學者。因此我很早就觀察到數位貨幣的趨勢，也很早就買礦機挖礦。目前可以說，所有跟數位貨幣有關的項目我都有參與，也提供專業諮詢。包括我可以教人如何挖礦，或者若只想單買機器也行。

我總跟朋友說，數位貨幣將逐漸改變世界風貌，試想，從前年代若發生狀況，例如大型災變等等，有時候現金不能用了，傳統逃難就是抱著黃金，但黃金那麼重，攜帶不便又怕被

搶。但到了數位貨幣時代，財產就只是一串串的數字，到哪裡都可以帶著走。

當然現階段最主要獲利項目，還是挖礦。以投資報酬率來看，我專注在乙太幣、以太經典、門羅幣，我所推廣的機器是最新的機型，乙太算力 400—450，另外針對門羅幣在開發，我的機器也可以升級更新成其他 GPU 能開採幣種。一臺礦機估算一年可以回本。

總之，區塊鏈和數位貨幣，已經不是未來式，而是現在進行式。任何人不能以不懂做理由逃避這個趨勢，因為，你已經身在趨勢之中。

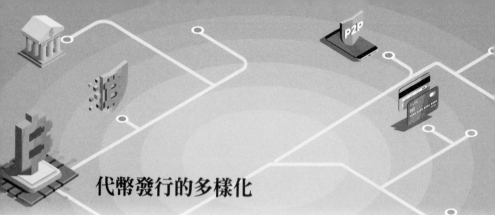

代幣發行的多樣化

　　如果說 2017 年是 ICO 起步年，那麼 2018 年就是 ICO 的破發年，我們見證了泡沫快速撐大最後撐破的瘋狂過程。

　　經過了 2018 年的洗禮，我們體驗到 ICO 充滿了投資與詐騙的案例，項目方使用資金的不透明，包含我自己及許多數位貨幣投資人，在 2018 年都蒙受了巨大的投資損失。這個過程在這個圈子被戲稱為「割韭菜」，因為韭菜割了還會再長，長大了繼續被割，因此才會有這個幣圈名詞出現，幣圈仍每天有新的小韭菜長出來，避免被割的最佳方式就是不要貪心，做任何投資都需要有專業知識跟實際考察。

　　ICO 早已聲名狼籍，取而代之的有 STO、IEO、IFO 等等，我很看好 STO 未來的發展，不過政府的管制下，STO 對於項目方並不是一個快速獲得資金的方式，因此 2019 年因為幣安及火幣網開始的 IEO 一炮而紅後，目前 IEO 可以是代幣發行

眾籌最火爆的方式。

　　IEO 全名為「Initail Exchange Offering」，簡單來說就是項目方直接在數位貨幣交易所以一個代幣專屬代號上架直接對用戶發行。

　　事實上，過程看似 IEO 項目直接面對市場銷售，少了募資及提前認購的過程，但據我的實際觀察與個人經驗，新的代幣項目仍會有私募過程，在私幕期間的代幣售價明顯低於 IEO 上市價，這讓早期私募投資者有一定的預期獲利，也讓項目方能預先取得一部分營運及市值管理的資金，以確保代幣上架後不會快速破發，項目方也有資金可以先啟動商業計畫。

　　項目越早上軌道，甚至提前獲利，都會有助於代幣價格與整體市值的提升，對於所有投資者都是負責任的表現。

區塊鏈如何改變我們的生活 數位貨幣淘金夢，小M老師教你利用數位貨幣翻轉人生

作　　　者／小M老師
出 版 經 紀／廖翊君
文 字 協 力／廖翊君文字團隊 - 鄭碧君
美 術 編 輯／孤獨船長工作室
責 任 編 輯／許典春
企畫選書人／賈俊國

總 編 輯／賈俊國
副 總 編 輯／蘇士尹
編　　　輯／高懿萩
行 銷 企 畫／張莉榮‧廖可筠‧蕭羽猜

發 行 人／何飛鵬
法 律 顧 問／元禾法律事務所王子文律師
出　　　版／布克文化出版事業部
　　　　　　臺北市中山區民生東路二段 141 號 8 樓
　　　　　　電話：(02)2500-7008 傳真：(02)2502-7676
　　　　　　Email：sbooker.service@cite.com.tw
發　　　行／英屬蓋曼群島商家庭傳媒股份有限公司城邦分公司
　　　　　　臺北市中山區民生東路二段 141 號 2 樓
　　　　　　書虫客服服務專線：(02)2500-7718；2500-7719
　　　　　　24 小時傳真專線：(02)2500-1990；2500-1991
　　　　　　劃撥帳號：19863813；戶名：書虫股份有限公司
　　　　　　讀者服務信箱：service@readingclub.com.tw
香港發行所／城邦（香港）出版集團有限公司
　　　　　　香港灣仔駱克道 193 號東超商業中心 1 樓
　　　　　　電話：+852-2508-6231 傳真：+852-2578-9337
　　　　　　Email：hkcite@biznetvigator.com
馬新發行所／城邦（馬新）出版集團 Cité（M）Sdn. Bhd.
　　　　　　41, Jalan Radin Anum, Bandar Baru Sri Petaling,
　　　　　　57000 Kuala Lumpur, Malaysia
　　　　　　電話：+603-9057-8822 傳真：+603-9057-6622
　　　　　　Email：cite@cite.com.my
印　　　刷／卡樂彩色製版印刷有限公司
初　　　版／2019 年 9 月
售　　　價／300 元
I S B N／978-957-9699-87-7

城邦讀書花園　布克文化
www.cite.com.tw　www.SBOOKER.COM.TW